Der magische Moment
in der Prozessberatung

Andrea Chlopczik

Der magische Moment in der Prozessberatung

Über Dreh- und Angelpunkte
in Veränderungsprozessen

Springer VS

Andrea Chlopczik
ZHAW Zürcher Hochschule für
Angewandte Wissenschaften
Zürich, Schweiz

ISBN 978-3-658-06916-2   ISBN 978-3-658-06917-9 (eBook)
DOI 10.1007/978-3-658-06917-9

Die Deutsche Nationalbibliothek verzeichnet diese Publikation in der Deutschen Nationalbibliografie; detaillierte bibliografische Daten sind im Internet über http://dnb.d-nb.de abrufbar.

Springer VS
© Springer Fachmedien Wiesbaden 2015
Das Werk einschließlich aller seiner Teile ist urheberrechtlich geschützt. Jede Verwertung, die nicht ausdrücklich vom Urheberrechtsgesetz zugelassen ist, bedarf der vorherigen Zustimmung des Verlags. Das gilt insbesondere für Vervielfältigungen, Bearbeitungen, Übersetzungen, Mikroverfilmungen und die Einspeicherung und Verarbeitung in elektronischen Systemen.

Die Wiedergabe von Gebrauchsnamen, Handelsnamen, Warenbezeichnungen usw. in diesem Werk berechtigt auch ohne besondere Kennzeichnung nicht zu der Annahme, dass solche Namen im Sinne der Warenzeichen- und Markenschutz-Gesetzgebung als frei zu betrachten wären und daher von jedermann benutzt werden dürften.

Gedruckt auf säurefreiem und chlorfrei gebleichtem Papier

Springer VS ist eine Marke von Springer DE. Springer DE ist Teil der Fachverlagsgruppe Springer Science+Business Media.
www.springer-vs.de

Dank

Ganz herzlich möchte ich mich bei allen Personen bedanken, die mich bei dieser Masterarbeit unterstützt haben.
Prof. Dr. Michael Zirkler danke ich für die Anregung zur Auseinandersetzung mit dem Thema der Arbeit und für seine fachliche Begleitung sowie für die Vorbereitung meines Kontakts mit einigen der Interviewpartner. Meiner Interviewpartnerin und meinen Interviewpartnern gilt mein besonderer Dank für ihre Zeit, ihre Offenheit und ihr Vertrauen:

- Volker Bauer
  Senior Advisor der osb Hamburg
- Dr. Katrin Glatzel
  Partnerin der osb-international Consulting AG
- Dr. Walter Häfele
  Organisationsentwicklung, Coaching, Ausbildung, Supervision; viele Jahre Berater, Miteigentümer und Geschäftsführer im Management Center Vorarlberg
- Frank von der Reith
  Dipl.-Psych., Partner der osb-international, Geschäftsführer der osb Hamburg GmbH
- Dr.med. Dipl.rer.pol. Gunther Schmidt
  Leiter des Milton-Erickson-Instituts Heidelberg, Ärztlicher Direktor der sysTelios-Klinik für Psychosomatik Siedelsbrunn, Senior Coach DBVC, Lehr-Therapeut/-Supervisor/-Coach der Systemischen Gesellschaft (SG), der DGSF und der MEG
- Univ.Prof. Dr. Rudolf Wimmer
  Gründer und Partner der osb international AG, Professor für Führung und Organisation am Wittener Institut für Familienunternehmen, Vizepräsident der Universität Witten/Herdecke

Ohne sie wäre diese Arbeit nicht möglich gewesen.

Großer Dank gilt auch meinen beiden Lektorinnen, Uta Grabmüller und Liona Staehelin, MAS in Organisationsberatung und Supervision, für ihre Geduld und ihre Genauigkeit sowie Volker Weese von Visual Consulting Berlin für seine professionelle Umsetzung der Grafiken.

Abstract

Die Masterarbeit geht den Praxisspuren der Theorie U von Claus Otto Scharmer nach. In explorativer Vorgehensweise untersucht sie zu diesem Zweck Antworten auf die Forschungsfrage: Welche Bedingungen und Wirkweisen von Dreh- und Angelpunkten in Veränderungsprozessen nehmen professionelle Beobachter des Praxisfelds Organisationsberatung wahr, und wie erklären sie sich das, was sie beobachten?

Im theoretischen Teil der Arbeit wird auf den aktuellen Diskurs um Denkmusterwechsel in der Wissenschaft Bezug genommen. Nach einer Annäherung an den Begriff Dreh- und Angelpunkte werden die Theorie U selbst sowie relevante Ansätze aus der Organisationslehre, der modernen Systemtheorie und der systemischen Organisationsberatung aufgearbeitet.

Die empirische Untersuchung wurde mit qualitativen Methoden durchgeführt. Mit insgesamt sechs systemischen Organisationsberatungspersonen, einer Frau und fünf Männern, wurden narrative Interviews geführt. Das gewonnene Datenmaterial wurde nach der Grounded Theory Methodology (GTM) ausgewertet. Fünf Kernkategorien konnten ermittelt werden, die den zeitlichen Ablauf sowie die wesentlichen Faktoren des begleiteten Veränderungsprozesses abbilden: Ausgangslage, Prozess, Ver-Mittler und Mittel, Resultat, Reflexion und Evaluation. Dreh- und Angelpunkte werden als Zwischenergebnisse unterschiedlich stark wahrgenommen und stehen im Dienst eines integrativen Umgangs mit alten und neuen Denk- und Verhaltensmuster bei der Gestaltung von zukünftigen Möglichkeiten.

Die Theorie U konnte in Bezug auf die Begleitung von Veränderungsprozessen in zwei Funktionen dargestellt werden: Erklärungsmodell und Handlungsanleitung für die Interventionsplanung. In beiden Funktionen wird sie in den Interviewaussagen abgebildet. Die Interpretation der Ergebnisse führt entlang der Luhmannschen Sinndimensionen sowie der Scharmerschen Instrumente und Hindernisse von Veränderung zu einem Erklärungsmodell für das, was den schöpferischen Charakter von begleiteten Veränderungsprozessen ausmachen könnte. Ein Vorgehen nach den Schritten des U-Prozesses erweist sich als geeignet, um im individuellen wie im organisationalen Entwicklungsprozess förderliche Bedingungen für schöpferisches Lernen zu schaffen.

Zitate von Interviewpartnern:

„In manchen Veränderungstheorien [heißt es], ja da muss noch mehr Leidensdruck her, damit dann die Veränderung kommt. Davon halte ich nichts, gar nichts. Das kann man sogar neurobiologisch gut heute zeigen: Je mehr Veränderungsdruck da wäre, oder mehr Leidensdruck da wäre, da kann sich vielleicht die Bereitschaft zur Veränderung intensivieren, aber die erlebte Fähigkeit, und auf die kommt's an, die wird immer geringer, weil mit immer mehr Stress usw., einhergehend mit Angst und sonstigen Reaktionen, verengt sich der Blick und man schaltet auf archaische Grundstrategien – Kampf, Flucht, Totstellreflex usw. Und das macht undifferenziertere und ungünstigere Lösungsstrategien in aller Regel. Also brauchen wir was anderes, nämlich, damit man Veränderungskompetenz erlebt, muss man in Kontakt kommen mit Erlebnisprozessen, und die sind alle schon in einem da, die müssen nur reaktiviert und in den Fokus gerückt werden – Veränderungs-, Erlebnisprozesse, die einhergehen mit Achtung, Wertschätzung, Zuversicht, Kraft, Würdigung für das Bisherige und mit dem Erleben von [dem Gefühl]: Das, was ich anstrebe, macht mir Sinn und kann mir was Ersehntes bringen." (Gunther Schmidt)

„Auf die Frage nach dem Wesentlichen in Beratungen – egal in welchem Kontext – ist das Konzentrat aufgetaucht: liebevolles Begegnen." (Walter Häfele)

Inhaltsverzeichnis

1   **Einleitung** 15
    1.1   Ausgangslage: Anders denken in der Wissenschaft? 15
    1.2   Einführung ins Thema 16
    1.3   Aufbau der Arbeit 17
    1.4   Fragestellung 18
    1.5   Ziel 18
    1.6   Abgrenzung 18

2   **Theoretischer Teil** 21
    2.1   Stand der empirischen Forschung 21
    2.2   Kontext I: Anders denken in der Wissenschaft! 22
    2.3   Kontext II: Organisationales Lernen 25
        2.3.1   Espoused theory und theory-in-use 25
        2.3.2   Single-loop learning und double-loop learning 25
    2.4   Gegenstand Dreh- und Angelpunkte 26
    2.5   Drei Ebenen der Organisationskultur nach Schein 30
    2.6   Gegenstand Theorie U 33
        2.6.1   Entstehung 35
        2.6.2   Theorie U im Überblick 37
        2.6.3   Zugang schaffen: Drei Schichten des Wissens 41
        2.6.4   Feldstruktur der Aufmerksamkeit: Vier Bewusstseinsebenen .. 42
        2.6.5   Drei Stadien oder Instrumente und drei Hindernisse im Entwicklungsprozess 44
        2.6.6   Exkurs: Angst und Sicherheit im Lernprozess 45
        2.6.7   Handlungsmodi: Sieben Grundhaltungen 46
        2.6.8   Umschlagpunkte: Sechs Übergänge 48
        2.6.9   Fünf Grundbewegungen gemeinschaftlicher Veränderung 48
    2.7   Kontext III: Systemtheorie und systemische Organisationsberatung 50
        2.7.1   Systemische Beratung und Sinndimensionen nach Luhmann .. 50
        2.7.2   Sinnfindung durch Unterschiedsbildung 51
        2.7.3   Strukturelle Kopplung 52
        2.7.4   Zirkularität und systemische Organisationstheorien 53
        2.7.5   Selbstreferenzialität und Selbstähnlichkeit 55

	2.7.6	Konstruktivistische Beobachtungstheorie: Kybernetik 1., 2. und 3. Ordnung	56
3	**Methodischer Teil**		**58**
	3.1	Forschungsdesign	59
	3.2	Forschungsprozess	61
	3.2.1	Stichprobe	61
	3.2.2	Entwicklung Interviewskript und Vorgehensweise im Interview	61
	3.2.3	Durchführung der Interviews	62
	3.2.4	Aufarbeitung und Auswertung der Daten	63
4	**Empirischer Teil**		**65**
	4.1	Die Fälle	65
	4.2	Darstellung der Ergebnisse	68
	4.2.1	Ausgangslage	69
	4.2.2	Prozess	72
	4.2.3	Ver-Mittler und Mittel	78
	4.2.4	Resultat	83
	4.2.5	Reflexion und Evaluation	88
5	**Diskussion**		**90**
	5.1.	Zusammenführung relevanter theoretischer Aspekte	90
	5.2	Empirische Ergebnisse: Das Wesentliche	94
	5.3	Zusammenführung: Theorie und empirische Ergebnisse	95
	5.4	Beantwortung der Fragestellung und Hypothesenbildung	97
	5.5	Kritische Betrachtung von Studiendesign und methodischem Vorgehen	101
	5.5.1	Stichprobe und Generalisierbarkeit der Ergebnisse	101
	5.5.2	Datenerhebung	102
	5.5.3	Datenauswertung	102
	5.6	Ausblick	102
6	**Literaturverzeichnis und Anhang**		**105**
	6.1	Literaturverzeichnis	105
	6.2	Anhang	109
	6.2.1	Ebenen der Operationslogik	109
	6.2.2	Interviewskript	109
	6.2.3	Übersicht Konzepte und Kategorien	112
	6.2.4	Interviewauszüge	112

Abbildungs- und Tabellenverzeichnis

Abbildung 1: Kulturebenen nach Schein (1995, 2003) 31
Abbildung 2: Theorie U im Überblick (nach Scharmer 2009b) 39
Abbildung 3: Drei Schichten des Wissens (Scharmer, 2009b, S. 88) 42
Abbildung 4: U-Prozess, Feldstrukturen der Aufmerksamkeit, kommunikatives Handeln (nach Scharmer, 2009b, S. 232) 43
Abbildung 5: Entwicklungsziel im U-Prozess (nach Scharmer, 2009b) 49
Abbildung 6: Theorie aus der Anwendung 98
Abbildung 7: Schema zur Überwindung der *Voice of Fear* 99

Tabelle 1: Vier Ebenen des Lernens und der Veränderung (Scharmer, 2009b, S. 72) 37
Tabelle 2: Systemische Schleife, Prozess des Organisierens und Phasen im U-Prozess 54
Tabelle 3: Kernkategorien 68
Tabelle 4: Spannungsfelder polarer Positionen 86
Tabelle 5: Zusammenführung der Theorie I 93
Tabelle 6: Zusammenführung der Theorie II 94

1 Einleitung

Befreiung von den großen Vorbildern

> Kein Geringerer
> als Leonardo da Vinci
> lehrt uns
> „Wer immer nur Autoritäten zitiert
> macht zwar von seinem Gedächtnis Gebrauch
> doch nicht
> von seinem Verstand"
> Prägt euch das endlich ein:
> Mit Leonardo
> los von den Autoritäten!
> Erich Fried (1989, S. 60)

1.1 Ausgangslage: Anders denken in der Wissenschaft?

Einem Buchkapitel stellt Fritz Simon (Simon & CONECTA, 1998) das Zitat von Leonardo da Vinci voran: „Wer sich im Streit der Meinungen auf die Autorität beruft, der arbeitet mit seinem Gedächtnis statt mit seinem Verstand." (S. 86) Leonardo weist mit seiner Feststellung darauf hin, dass etwas fehlt, wenn an der Schwelle zu einem Übergang nur das bisher Bekannte als Ressource zur Vorbereitung des Übergangs genutzt wird. Ein Streit der Meinungen steht für das Infragestellen von etwas Bestehendem als erstem Schritt zur Gestaltung von etwas Neuem. Für Leonardo steht die Autorität für das aus der Vergangenheit stammende Wissen, während mit der kreativen Fähigkeit des Verstandes, bisher noch nicht denkbar Gewesenes in Ideen von zukünftig Möglichem zu fassen, der Blick in die andere Richtung, zur Zukunft hin gewandt wird. Leonardo – und mit ihm Simon – zweifelt daran, dass die Lösung für aktuelle Probleme allein mit dem Wissen aus der Vergangenheit herbeizuführen ist und regt zum Wagnis eigenständigen Denkens an, das sich aus einer noch unbekannten tieferen Quelle speist.

Erich Fried geht einen Schritt weiter. Er zeigt das Paradox auf, das entsteht, wenn der Denkende ernst macht mit der Aufforderung Leonardos. Das Denken, das sich selber hinterfragen und neue Wege finden will, kann das nur mit den gewohnten, im Laufe seiner Entstehungsgeschichte erprobten Mustern tun. Um von den Autoritäten alter Denkmuster loszukommen, braucht es die Anweisung durch einen Repräsentanten der alten Muster. Ein Umdenken in der Wissenschaft wird möglich, indem zum einen hochrangige Vertreter dieser Wissenschaft, genaueste Kenner der alten Muster und damit auch ihrer Grenzen, den Anstoß dazu geben. Zum anderen gilt es im nächsten Schritt die alten Muster loszulassen, damit sich Raum für das Gestalten neuer Muster auftut – und dabei am notwendigen Paradoxiemanagement nicht zu verzweifeln. Fritz Simon stellt dafür das zehnte Gebot des systemischen Denkens zur Verfügung „*Betrachte Paradoxien und Ambivalenzen als normal und erwartbar!*" (Simon, 2006, S. 116, Hervorhebung im Original).

1.2 Einführung ins Thema

Die vorliegende Arbeit befasst sich mit der Theorie U von Claus Otto Scharmer (2009a, 2009b) als einem individuell und kollektiv bewusstseinsbildenden Prozess, und sie geht auf die Suche nach beobachtbaren und empirisch auswertbaren Spuren der darin beschriebenen Merkmale und Vorgänge. Ausgangspunkt ist die Annahme, dass in Veränderungsprozessen Dreh- und Angelpunkte zu beobachten sind, die einen Schwenk in der Entwicklungsrichtung oder eine Form von Einsicht markieren. In solchen Kippmomenten oder *magic moments* vollzieht sich ein Denkmusterwechsel, welcher über das Gelingen und die Nachhaltigkeit des gesamten Prozesses entscheidet. Es wird ebenfalls davon ausgegangen, dass sich die Begleitpersonen von Veränderungsprozessen dieses Funktionselements bewusst sind und mit ihrer Arbeit – bewusst oder unbewusst – Bedingungen dafür schaffen, dass es geschehen und wirksam werden kann. Die Beschreibungen, die erfahrene Organisationsberatungspersonen vom Geschehen rund um solche Dreh- und Angelpunkte abgeben, werden kritisch auf Gemeinsamkeiten und Unterschiede sowie auf Übereinstimmungen mit dem U-Prozess nach Scharmer (2009a, 2009b) untersucht. Aus diesen Ergebnissen lassen sich Anhaltspunkte ermitteln für eine Theoriebildung in Bezug auf kreative oder co-kreative Prozesse in der Veränderungsgestaltung und ihre Steuerungsmöglichkeiten. Kreative und co-kreative Prozesse unterschieden sich von anderen Prozessen dadurch, dass sie sich nicht ausschließlich auf sichtbare Ergebnisse wie Produkte oder Handlungsabläufe auswirken, sondern auf unsichtbare, zugrundeliegende Sichtweisen und Haltungen der Akteure.

1.3 Aufbau der Arbeit

Nach Darlegung von Fragestellung und Ziel der vorliegenden Arbeit sowie ihrer Abgrenzung zu weiterführenden thematischen Bereichen (Kapitel 1.4 bis 1.6) wird im theoretischen Teil (Kapitel 2) kurz auf den Stand der empirischen Forschung zur Theorie U von Claus Otto Scharmer eingegangen (Kapitel 2.1). Anschließend werden der Kontext eines aktuellen Diskurses in der wissenschaftstheoretischen Diskussion aufgerollt (Anders denken in der Wissenschaft, Kapitel 2.2) sowie einige zentrale Begriffe aus der Theorie des Organisationalen Lernens kurz geklärt (Kapitel 2.3), bevor der in der Fragestellung thematisierte Gegenstand der Dreh- und Angelpunkte aufgegriffen wird. Betrachtet werden dazu im Kapitel 2.4 verschiedene begriffliche und theoretische Ausgestaltungen des dahinter stehenden Konzepts sowie das breit gefächerte, vom Feuilleton bis in die Führungs- und Beratungstheorie reichende Interesse an dem Phänomen. Vor der Erörterung der Theorie U von Claus Otto Scharmer werden im Kapitel 2.5 die organisationalen Kulturebenen nach Edgar Schein sowie deren Zusammenhang mit Lerntheorien auf individueller und organisationaler Ebene aufgearbeitet. Jeweils am Ende der Kapitel werden die für das Erkenntnisinteresse der vorliegenden Arbeit bedeutsamen Verknüpfungen der beschriebenen Modelle untereinander sowie insbesondere zur Theorie U hergestellt. Im zentralen und umfangreichsten Kapitel des theoretischen Teils, Kapitel 2.6, wird Scharmers Theorie U umfassend aufgearbeitet. Nach der Einordnung in ihren Entstehungskontext wird der Versuch einer zusammenfassenden Beschreibung sowie einer Ausdifferenzierung und Erklärung ihrer Subprozesse vorgenommen. Parallel dazu werden ihr Eklektizismus, ihre Redundanzen und ihre komplexen Funktionsweisen vor dem Hintergrund der vorab eingeführten theoretischen Modelle kritisch erörtert.

Im Kapitel 2.7 werden ausgewählte Begriffe und Konzepte aus der Systemtheorie sowie der systemischen Organisationsberatung erörtert. Damit wird nicht die Absicht verfolgt, einen umfassenden Überblick über die Systemtheorie zu vermitteln. Vielmehr sollen mit der getroffenen Schwerpunktsetzung zum einen die systemtheoretischen Anklänge in der Theorie U transparenter gemacht und zum anderen Denkmuster eingeführt werden, auf die sich die Interviewpartnerin und die Interviewpartner beziehen und die in der Darstellung der Ergebnisse im empirischen Teil aufgegriffen werden.

Im methodischen Teil der Arbeit (Kapitel 3) wird zunächst das Forschungsdesign erörtert (Kapitel 3.1), bevor der Forschungsprozess detailliert beschrieben wird (Kapitel 3.2). Im empirischen Teil folgt nach der Charakterisierung der Fälle (Kapitel 4.1) die detaillierte Darstellung der Kernkategorien. Im 5. Kapitel folgt die Diskussion. Nach der Zusammenführung relevanten theoretischen Aspekte (Kapitel 5.1) werden die wesentlichen empirischen Ergebnisse zusammengefasst (Kapitel 5.2). Theorie und empirische Ergebnisse werden in Kapitel 5.3 aufeinander bezogen. Die Beantwortung der Fragestellung mit Hypothesenentwicklung folgt in Kapitel 5.4. Anschließend werden das Studiendesign und das methodische Vorgehen einer kritischen Betrachtung unterzogen (Kapitel 5.5). Das Diskussionskapitel schließt mit einem Ausblick auf weiter führende Ansatzpunkte und praktische Verwertungsmöglichkeiten ab (Kapitel 5.6).

1.4 Fragestellung

Welche Bedingungen und Wirkweisen von Dreh- und Angelpunkten in Veränderungsprozessen nehmen professionelle Beobachter des Praxisfelds Organisationsberatung wahr, und wie erklären sie sich das, was sie beobachten?

1.5 Ziel

Die Arbeit forscht dem impliziten Vorhandensein der Theorie U als Beschreibungsmodell und Handlungsanleitung für die Intervention in Veränderungsprozessen nach. Untersucht wird, ob sich die Beobachtungen von Prozessbegleitenden rund um Dreh- und Angelpunkte von Veränderungsprozessen mit den von Scharmer (2009a, 2009b) beschriebenen Prozessphasen der Theorie U vergleichen lassen. Durch Herausarbeiten von Gemeinsamkeiten und Unterschieden in den Beschreibungen und Einschätzungen soll eine Varianzaufklärung hinsichtlich der Bedingungen erreicht werden, die Dreh- und Angelpunkte ermöglichen können. Durch bewussten Umgang mit diesen Bedingungen könnte im nächsten Schritt bei der Steuerung von Veränderungsprozessen eine Annäherung gelingen an das, was nach Scharmer das Führen oder Agieren von den zukünftigen Möglichkeitsräumen her ist (Scharmer, 2009a, 2009b).

1.6 Abgrenzung

Das Erkenntnisinteresse dieser Forschungsarbeit beschränkt sich auf die Beobachtungen von Bedingungen für Veränderungsschritte, die Unterschiede im gesamten Veränderungsprozess markieren: Vorher ist etwas grundlegend anders als nachher. Auf die Qualität des Andersseins im Zustand wird nicht näher eingegangen; untersucht wird nicht, was sich wie verändert hat, sondern unter welchen Bedingungen die Veränderung stattfinden konnte. Der Schwerpunkt im

1.6 Abgrenzung

theoretischen Teil liegt auf der Durchdringung der Theorie U. In den Kontextkapiteln werden Modelle aus Organisationslehre und Systemtheorie sowie Ansätze aus dem Diskurs über Denkmusterwechsel in der Wissenschaft zur Aufarbeitung ausgewählt, die für die theoretischen Zusammenhänge sowie die Datenauswertung im Rahmen dieser Arbeit relevant sind.

Mit den wechselweise verwendeten neutralen, weiblichen und männlichen sprachlichen Bezeichnungen sind jeweils beide Geschlechter gemeint.

2 Theoretischer Teil

Laut Zirkler liegt eine Möglichkeit für die Weiterentwicklung der Beratungspraxis (wie jeder Praxis) in der (Selbst-)Erkenntnis der Akteure. „Wissenschaft kann hier – wie andere Dritte auch – einen wichtigen Beitrag leisten, indem sie die Praxis beobachtet und ihre Beobachtungen zurück spiegelt." (Zirkler, 2005, S. 78) Nach dem systemtheoretischen Denkmodell wird mit der vorliegenden Forschungsarbeit die Praxis von Organisationsberatenden beschrieben (Beobachtungen erster Ordnung) und hinterfragt (gemeinsame Beobachtung zweiter Ordnung zusammen mit der Forscherin im Interview). Anschließend werden diese Beobachtungen in der Auswertung kategorisiert (Beobachtung zweiter Ordnung durch die Forscherin) und auf diese Weise für die Rückspiegelung (Re-Entry – Spencer-Brown, 1994) ins Praktikersystem auf der begrifflich-konzeptionellen Ebene aufbereitet. Mit dem schrittweisen Herausarbeiten von Bedingungen rund um Dreh- und Angelpunkte in Veränderungsprozessen werden im Rauschen des Fortgangs eines solchen Prozesses bedeutsame Einheiten unterschieden. Der Theorie von Spencer-Brown (1994) folgend, werden Dreh- und Angelpunkte sowie ihr Kontext markiert[1].

2.1 Stand der empirischen Forschung

Schweikert, Meissner und Wolf (2014, fc) beschreiben die Anwendung von Scharmers Theorie U in einem interdisziplinären Programm an der Hochschule für Angewandte Wissenschaften und Künste in Luzern. Sie untersuchen die Verbindung der Theorie U mit ihrem spezifischen „LivingLab"-Ansatz in der interdisziplinären akademischen Zusammenarbeit und den Grundsätzen systemischer Aktionsforschung. Für die Autoren erwies sich die Theorie U als nützlich für die Beschreibung der co-kreativen Prozesse in ihrem methodischen Vorgehen, das sich als ein iteratives Zusammenspiel mehrerer U-Prozesse erwies. Theorie U wurde genutzt als Instrument zur Bestimmung der Position im co-kreativen Prozess, während gleichzeitig erkannt wurde, dass die jeweils nächsten gemeinsamen Schritte stärker intuitiv als an den Theorie-Schritten ausgerichtet waren.

---

1   Vgl. hierzu Batesons Ausführungen über das Lernen (1985, S. 371-396)

Scharmer erwähnt in seinen Vorträgen als Beispiele für die Anwendung seiner Theorie U verschiedene Projekte von Non-Profit-Organisationen in der Entwicklungszusammenarbeit und im öffentlichen Sektor sowie von intern und extern begleiteten Organisationsentwicklungsprojekten in privatwirtschaftlichen Unternehmen (Scharmer, 2010, 2011). Diese Anwendungsfälle wurden zwar zum Teil umfangreich dokumentiert, jedoch nicht wissenschaftlich ausgewertet.

Im Internet sind, meist auf den Webseiten von Beratungsunternehmen, Erfahrungsberichte von Anwendern der Theorie U in der Praxis zu finden, die jedoch nicht auf einer systematischen Untersuchung der Wirksamkeit der Theorie U beruhen, sondern subjektive Einschätzungen bleiben. Ein Beispiel: http://isitabird.org/tag/theory-u/ (Zugriff am 27. Januar 2013).

Berichte über empirische Studien im Themenbereich der vorliegenden Arbeit, beispielsweise einen systematischen Abgleich von in Veränderungsprozessen beobachteten Phänomen mit den vielfältigen Aspekten der Theorie U, konnten keine gefunden werden.

2.2 Kontext I: Anders denken in der Wissenschaft!

„Sich der Natur des Heiligen oder des Schönen bewusst zu sein, ist die Torheit des Reduktionismus." (Bateson, 1987, S. 262)

Im Folgenden werden einige Überlegungen zum aktuellen wissenschaftstheoretischen Diskurs zusammengefasst, die für die Wahl von Thema und Fragestellung der vorliegenden Forschungsarbeit sowie für die Reflexion des methodischen Vorgehens relevant sind.

Gregory Bateson (1987) hält bereits vor über 25 Jahren fest, dass die zeitgenössischen Universitäten zwar zeitgemäße Inhalte lehren, die Voraussetzungen und Prämissen des Denkens aber veraltet seien. Er kritisiert den Dualismus von Geist und Materie, den „Physikalismus der Metaphern" bei der Beschreibung geistiger Phänomene sowie die „anti-ästhetische Annahme, (…) dass alle Phänomene (auch die geistigen) im Sinne der Quantität untersucht und *bewertet* werden können und sollen" (Bateson, 1987, S. 263; Hervorhebung im Original). Mehrere Denkmusterwechsel später, in der bereits abklingenden Euphorie über die Deutungsmächtigkeit bildgebender Verfahren für die Neuropsychologie, ist dieser Diskussionsansatz nach wie vor aktuell. Für Bateson sind in der geistigen Entwicklung wie in der biologischen jeweils zwei Prozesse am Werk: ein nach innen gerichteter, der das System (im Fall des biologischen Prozesses das Lebewesen) nach bestehenden Regeln reproduziert und in möglichst unveränderter Form aufrechterhält, und ein nach außen gerichteter, der das System den sich verändernden Kontextbedingungen anpasst, um sein Überleben zu sichern. Das

Streben der beiden Prozesse ist entgegengesetzt: der eine konservativ, das in der Vergangenheit Bewährte unverändert reproduzierend, und der andere innovativ, auf die möglichen Zukünfte abgestimmte neue Formen ausbildend. Erkenntnistheoretisch bedeutet dies: Weiterentwicklung des menschlichen Wissens erfordert Respekt vor und kreativen Umgang mit der Notwendigkeit beider Prozesse. Angeregt durch die mit bildgebenden Verfahren belegten neuropsychologischen Untersuchungsergebnisse über die Funktionsweise des menschlichen Denkens einerseits und das Scheitern herkömmlicher Denkmuster bei der Erklärung aktueller naturwissenschaftlicher Messergebnisse (z.b. in der Quantenphysik) andererseits, haben sich in den letzten Jahren verschiedene Theoretiker mit dem wissenschaftlichen Denken selbst befasst. Reflektiert wird dabei vor allem sowohl die Komplexität der zu beobachtenden Phänomene, die das Denken erklären soll, als auch die Vielfalt und Komplexität der wissenschaftlichen Methoden, die ihm dafür zur Verfügung stehen. Aus verschiedenen Richtungen wird der Ruf laut, das methodische Repertoire über die bestehenden Muster und Regeln hinaus zu erweitern, um das System Wissenschaft für den Gegenstand, den es untersuchen soll, besser tauglich zu machen. Eine Erhöhung von Binnenkomplexität des Instrumentariums ist erforderlich, um dem Kontext komplexer werdender Gegenstände im Außen wieder besser entsprechen zu können. Für Loprieno (2011) legt „die heutige Kenntnis der Verbindung zwischen den neuronalen Prozessen der mentalen Simulation und denen der narrativen Fiktion die Aufhebung der (…) Unterscheidung zwischen wissenschaftlicher und poetischer Kreativität nahe" (S. 34/35). Er plädiert für eine dritte Kultur in der Wissenschaft, die in der Überwindung des polaren Gegensatzes zwischen Geistes- und Naturwissenschaften durch Überbrückung des zugrunde liegenden antithetischen Wissenschaftsverständnisses (Geistes- versus Naturwissenschaften, hermeneutische versus empirische Disziplinen, Verstehen versus Erklären) besteht. Damit verbunden ist eine Neubewertung des Verhältnisses von Wissen und Glauben, denn für Loprieno besteht „in allen Forschungsvorhaben eine kontinuierliche Spannung zwischen Erfahrungswerten, die wir rezipiert haben (Wissen), und deren kritischen Projektionen, denen wir unser Vertrauen schenken möchten (Glauben)" (S. 36).

Radikal stellt auch Knapp (2008, 2011) die Tauglichkeit bestehender Denkmuster in Frage: „Wir leben geistig in einer Welt, die es schon lange nicht mehr gibt" (2008, S. 11). Auch sie fordert den Einbezug von Intuition und Glauben in das wissenschaftliche Instrumentarium. Das schrittweise Erschließen tiefer liegender Quellen von Wahrnehmung und Bewertung nach der Theorie U von Scharmer (2009a, 2009b) ist ohne den Einsatz von Intuition nicht denkbar (vgl. Kapitel 2.5 der vorliegenden Arbeit). Neben kognitiven Prozessen werden unwillkürliche Prozesse von beispielsweise Zuversicht und Vertrauen aktiviert[2]. Das neue Paradigma im Denken, das die Wissenschaft genauso wie die Arbeits- und Lebenspraxis anschlussfähig macht an zukünftige Kontexte, braucht zudem Vernetzung: interpersonell in Form von ganzheitlicher umfassender Kommunikation und intrapersonell durch Einbezug und Zusammenführung aller kognitiven, emotionalen und körperlichen Ressourcen. Eine solche Weiterentwicklung in der Feldstruktur der Aufmerksamkeit (vgl. Kapitel 2.6.4 der vorliegenden Arbeit) bildet die Grundlage des von Scharmer (2009a, 2009b) in seiner Theorie U beschriebenen co-kreativen Prozesses. Vertrauen auf ein gemeinsames kreatives Potential und auf die Teilhabe an einem gemeinsamen Bewusstsein führen zu einer kollektiven Denk-Bereitschaft, die sich durch Geduld und Demut auszeichnet. „Es kommt nicht darauf an, wer letztlich den entscheidenden Lösungsvorschlag für eines unserer Probleme hat. Wichtig ist, dass wir gemeinsam die Art des Denkens bereitstellen, die für die Entdeckung einer Idee benötigt wird" (Knapp, 2008, S. 12).

Anders denken lernen nach der gegenwärtigen Diskussion bedeutet, neue Kategorien von Handlungsmöglichkeiten zu schaffen statt die rein zahlenmäßige Vermehrung der Handlungsmöglichkeiten nach bestehenden Mustern (mehr vom Gleichen) fortzuführen. Ein solcher Ansatz folgt der Unterscheidung von *options* (neue Sichtweisen) und *possibilities* (Variationen bestehender Sichtweisen), wie sie unter anderen Heinz von Foerster (1999a) und Matthias Varga von Kibéd (Vortrag[3] am 26. April 2012 in Zürich, eigene Mitschrift) vornehmen.

Scharmers Theorie U (2009a, 2009b) bildet ein Modell für die Voraussetzungen und die Konsequenzen von Denkmusterwechseln, wie sie einerseits gelingenden Veränderungsprozessen zugrunde liegen und andererseits in der aktuellen Wissenschaftstheorie diskutiert werden. Mit der Theorie U, die er im Untertitel als soziale Technik bezeichnet, beschreibt Scharmer die unterschiedlichen (Selbst-)Wahrnehmungszustände, die einen Veränderungsprozess kennzeichnen, in dem der Fokus von den Mustern der Vergangenheit zu den zukünftigen Möglichkeitsräumen schwenkt.

---

2   Die praktische Anwendung der methodischen Schritte des *Presencing* im Coaching oder in Gruppenprozessen kann nach der Erfahrung der Verfasserin beispielsweise gut durch analoge Verfahren (Arbeit mit Bildern, bildnerisches Darstellen, Körperwahrnehmungen) unterstützt werden.

3   Workshop zum Thema „Systemisches Denken und Paradoxientheorie"

2.3 Kontext II: Organisationales Lernen

Die in Kapitel 2.6 erörterte Theorie U baut unter anderem auf neueren Theorien zum organisationalen Lernen auf. Zwei Konzepte von Argyris und Schön (1974, 1996), die sowohl zum Aufzeigen von Zusammenhängen im theoretischen Teil dieser Arbeit als auch im Rahmen der Datenauswertung und der Methodendiskussion herangezogen werden, sollen deshalb vorab kurz erläutert werden.

2.3.1 Espoused theory und theory-in-use

Bei der Darstellung von Wissen, das in einer Organisation vorhanden ist, unterscheiden Argyris und Schön (2002) zwischen vertretener Theorie und handlungsleitender Theorie.

> „Mit *vertretener Theorie* (,espoused theory') meinen wir die Aktionstheorie, die vorgebracht wird, um ein bestimmtes Aktivitätsmuster zu erklären oder zu rechtfertigen. Mit *handlungsleitender Theorie* (,theory-in-use') meinen wir die Aktionstheorie, die in der Durchführung dieses Aktivitätsmusters stillschweigend enthalten ist. Eine handlungsleitende Theorie ist nichts ‚Gegebenes'. Sie muss aus der Beobachtung des fraglichen Aktionsmusters konstruiert werden." (Argyris & Schön, 2002, S. 29; Hervorhebungen im Original)

Nach dieser Definition besteht zwischen *espoused theory* und *theory-in-use* ein beobachtbarer Unterschied. Deklarierte oder vertretene Vorgehensweisen sind nicht oder nicht vollständig übereinstimmend mit der tatsächlich ausgeführten Vorgehensweise. Bei der Auswertung der Beobachtungen der befragten Organisationsberatenden im empirischen Teil dieser Arbeit wird untersucht, welche handlungsleitenden oder im Gebrauch angewandten Theorien (*theories-in-use*) für die jeweilige prozessbegleitende Einzel- oder Organisationsberatung abgeleitet werden können. Für die Einordnung der Ergebnisse wird im nächsten Schritt betrachtet, inwieweit diese handlungsleitenden Theorien mit der deklarierten Theorie (alle Befragten geben an, dass sie mit ihrem Handeln als Organisationsberatende einem systemisch-konstruktivistischen Ansatz folgen) überstimmen und welche Anklänge an die Verlaufsschritte des U-Prozesses sich darin gegebenenfalls finden lassen.

2.3.2 Single-loop learning und double-loop learning

Beim *single-loop learning* oder Einschleifen-Lernen (Argyris und Schön, 1996, 2002) werden die ausgeführten Handlungen sowie allenfalls Prozesse und Strukturen verändert, um bessere Ergebnisse zu erhalten. Mit dem *double-loop learn-*

ing oder Doppelschleifen-Lernen werden die Annahmen und Voraussetzungen reflektiert, die zur Gestaltung von Prozessen und Strukturen geführt haben, um daran grundlegende Änderungen für eine bessere Anpassung des Systems an veränderte Umgebungsbedingungen vornehmen zu können. Das *single-loop learning* zielt auf eine Veränderung der Produkte und findet auf der expliziten operativen Ebene statt. Das *double-loop learning* strebt die Qualitätsverbesserung des Produktionsprozesses an und besteht in Veränderungen auf der teils expliziten, teils impliziten Ebene der handlungsleitenden Theorien sowie der Strategien und Annahmen.

2.4 Gegenstand Dreh- und Angelpunkte

Dreh- und Angelpunkte markieren entscheidende Verlaufsänderungen in Prozessen der Veränderung und des Lernens. In ihrer Besonderheit erkannt werden sie meist erst im Rückblick, und selbst wenn eine tiefe persönliche Einsicht als ihr Ergebnis wahrgenommen wird, kann das, was passiert ist, kaum in verständliche Worte gefasst oder gar mit Hilfe eines gängigen Erklärungsmodells eingeordnet werden. Gerade diese Eigenschaft verleiht dem Phänomen Anziehungskraft und hat zur Kennzeichnung mit dem Begriff *magic moments* oder *magische Momente* geführt. Für die vorliegende Forschungsarbeit wird der Begriff Dreh- und Angelpunkt im Kontext der Beschreibung einer bedeutsamen Qualitätsveränderung im sozialen Prozess verwendet. Zunächst wird darunter eine Grenzziehung zwischen Vorher und Nachher verstanden (zeitliche Betrachtung). Gleichzeitig wird an einem solchen Punkt im Sinne von Spencer-Brown (1994) eine Unterscheidung markiert, die eine andere Unterscheidung ersetzt (sachliche Betrachtung). Zudem wird davon ausgegangen, dass der Schwenk vom einen zum anderen (sachlich oder zeitlich) nicht ausschließlich punktuell übergangslos, sondern in einem Mikroprozess oder einer Zwischenphase passieren kann.

Im Folgenden werden einige in der Literatur aufgearbeitete Kontexte des Phänomens zusammengefasst, für das die Autoren so unterschiedliche Begriffe wie *magic moment* oder *tipping point* (Gladwell, 2001)[4] oder Kippmomente verwenden. Den unterschiedlichen Begriffen können voneinander mehr oder weniger stark abweichende Gegenstände zugrunde liegen. Die Diskussion des Phänomens findet aufgrund seiner mangelnden Eignung für eine streng wissen-

---

4 Dieser Begriff wird von einem Interviewpartner im empirischen Teil der vorliegenden Arbeit gebraucht. Auf das Konzept von Gladwell wird jedoch nicht weiter eingegangen. Der Autor befasst sich mit den äusseren Bedingungen der Entstehung oder Wendung von sozialen Trends, während die vorliegende Arbeit Dreh- und Angelpunkte im Zusammenhang von innerer Haltung und sichtbarem Verhalten betrachtet.

schaftliche Untersuchung am Rande der Wissenschaft statt. Aus diesem Grund wird auf eine Veröffentlichung in einer Wochenzeitung Bezug genommen, die eine Verbindung anbietet zwischen wissenschaftlichen Konzepten und Alltagsverständnis, für die der Autor den griechischen Begriff des *Kairos* für den gelingenden Augenblick einbezieht.

In der letzten Ausgabe der Wochenzeitung *Die Zeit* des Jahres 2012 wird auf nahezu der Hälfte der Titelseite das Dossier angekündigt zum Thema: *Der magische Moment. Was die großen Gelegenheiten im Leben ausmacht. Und wie wir sie nutzen* (Kucklick, 2012). Darin porträtiert der Autor „Menschen, die dem Kairos auf der Spur sind" (S. 15). Kairos ist nicht gleichbedeutend mit einem magischen Moment oder einem Dreh- und Angelpunkt, sondern bezeichnet ein kontingentes Merkmal im Kontext seiner Entstehung. Das griechische Wort *Kairos* bedeutet „das rechte Maß", „der günstige Augenblick", „der entscheidende Zeitpunkt". Mit diesem subjektiven Zeitbegriff wird die im gelingenden Moment erlebte Zeit unterschieden von der gleichförmig fließenden, ablaufenden Zeit, *Chronos* (Brockhaus, 1997, S. 349, Band 11). Hinter der Auseinandersetzung mit dem Begriff in Philosophie, Wissenschaft, Kunst und Literatur zu allen Zeiten sieht Kucklick „die gleiche Sehnsucht: dass man einmal zugreifen und das volle Leben erwischen kann in diesem günstigen Augenblick, in dem sich das Universum oder Gott oder die Gesellschaft mit dem Ich verbünden. Es ist der eine Moment, von dem an alles anders und alles gut wird" (Kucklick, 2012 , S. 15). Anhand der Beispiele von Menschen, die sich mit günstigen Gelegenheiten befassen – vom Daytrader an der Börse bis zur Beraterin von Lottogewinnern –, sowie der Ausführungen von Philosophen wie Peter Sloderdijk und einem Zen-Mönch arbeitet Kucklick heraus, dass die günstige Gelegenheit nicht schicksalhaft über den sie Erlebenden (nach der Systemtheorie ihr Beobachter 1. Ordnung) hereinbricht, sondern dass es den Kairos klug zu handhaben gilt. Üben und mentales Training sind notwendig als Vorbereitung, um die Gelegenheit beim Schopf packen zu können[5]. Dazu braucht es auf einer Ebene der Beobachtung zweiter Ordnung das Erkunden der Bedingungen und Faktoren rund um die entscheidenden Momente, die günstige Gelegenheiten – als Phänomene dritter Ordnung – vom Rest des Lebens unterscheiden.

Neben Übung und Vorbereitung hält Kucklick Selbsterkenntnis für die zweite wichtige Voraussetzung für den Umgang mit dem Kairos, denn dieser „ist nur selten eine Lösung. Immer aber ist er eine Aufforderung, sich selbst zu befragen: Wer bin ich, und welche Gelegenheiten machen mich zu dem, der ich sein will?" (S. 16). Dies entspricht Heinz von Foersters Erklärung, dass Ent-

---

5   Im alten Griechenland wird Kairos als glatzköpfige Figur mit langen Haaren im Stirnbereich dargestellt. Gelingt es nicht, diesen Schopf zu packen, rutscht die Hand über den glatten Schädel ab, und Kairos ist entwischt.

scheidungen im konstruktivistischen Sinn immer Antworten auf unentscheidbare Fragen sind und die so entscheidende Person mit jeder Antwort über den Menschen entscheidet, der er oder sie sein will (Foerster, 1999b). Jede Entscheidung ist demnach ein schöpferischer Prozess, mit dem der entscheidende Mensch sich selbst formt und Gestalt gibt.

Für die vorliegende Forschungsarbeit wird davon ausgegangen, dass Augenblicke, von deren Magie im Titel von Kucklicks Artikel die Rede ist, nicht als punktuelle Markierungen zu denken sind, sondern als kürzere oder längere Zeitabschnitte, in denen eine Erkenntnis langsam in tiefere Schichten des Bewusstseins oder des Selbst sickert. Entscheidend ist nicht die Dauer, sondern dass zwischen „Vorher" und „Nachher" ein wesentlicher Unterschied in der Sicht der Dinge wahrzunehmen ist.

Natalie Knapp (2008) geht davon aus, dass eine Voraussetzung für das Zustandekommen von magischen Momenten die Veränderung von Denkmustern in Richtung einer Aufhebung der Dichotomie von Geist und Materie ist. Umgekehrt lässt sich durch die ex-post-Betrachtung von magischen Momenten sowie der Bedingungen ihres Zustandekommens Aufschluss über persönliche Erkenntniswege gewinnen (Knapp, 2011).

Gunther Schmidt vergleicht Kippmomente im Veränderungsprozess mit dem von Erickson beschriebenen Phänomen des *transderivational search* (Rossi, 1997, 1996), was nach Schmidt so viel bedeutet wie „unwillkürliche, oft auch unbewusste Suche durch das ganze innere Erfahrungssystem" (E-Mail vom 16. Dezember 2012).

Nowak und Neubert-Liehm nutzen den Begriff *magic moments* zur Beschreibung von Kippmomenten oder Dreh-und Angelpunkten in Veränderungsprozessen und verstehen darunter „Phänomene im Zusammenspiel von Gruppendynamik und Arbeitsebene, die sprunghaft zu einer neuen Prozessqualität führen" (Nowak & Neubert-Liehm, 2011, S. 74). In der Auswertung eigener Arbeitserfahrungen in der Begleitung von Organisationsentwicklungsprojekten fällt der Autorin und dem Autor auf, dass solche Momente von den Prozessbeteiligten eher bildhaft-symbolisch statt in sprachlicher Form dargestellt werden. Sie gehen in ihrer Auswertung den Fragen nach, wie der Kontext beim Entstehen magischer Momente beschaffen ist, was Bilder damit zu tun haben und wie Beratungspersonen dazu beitragen können, solche Momente entstehen zu lassen. Zur Kontextbeschaffenheit halten sie fest: „Ein ‚Magic Moment' ist ein Ereignis, eine Stimmung, ein Augenblick, welcher von allen Beteiligten zugleich inhaltlich und gruppendynamisch als besonders positiv, bindungsintensiv und nachhaltig erlebt wird. Er erzeugt ein von allen getragenes kollektives Empfinden und ist weder exakt planbar noch beliebig wiederherstellbar." (Nowak & Neubert-Liehm, 2011, S. 75/76). Merkmale solcher Momente sind ihre „Energetisierung und Kontextbezogenheit" sowie die Tatsache, dass „Identität fördernde Erfahrungen unmittelbar aus dem Arbeitskontext heraus" gemacht werden. Als „kollektiver kreativer Akt" erfordert jeder *magic moment* als Grundvoraussetzung „Zeit und zensurfreie Räume". Zudem konnten Nowak und Neubert-Liehm das Auftreten solcher Momente eher am Beginn oder am Ende von (Teil)Prozessen beobachten (S. 76). In *magic moments* fliessen unbewusste emotionale Prozesse ins aktuelle Erleben mit ein, weswegen die Autoren empfehlen, das kollektive Bilderfahren durch „eine sinnvolle Verknüpfung von digitalen (Sprache, Schrift, Moderation) und analogen Verfahren (Bilder, Symbole, Erleben)" zu fördern (S. 77). Wofür Beratungspersonen sorgen können, um gleichsam als Katalysatoren bei der Entstehung von *magic moments* zu wirken, ist ein „emergent-partizipatives Vorgehen", bei dem als Eigenschaften „Bescheidenheit und Achtung vor der ‚Weisheit' der Gruppe und des Prozesses" zum Einsatz kommen; auch Irritation sehen Nowak und Neubert-Liehm als wegbereitend für solche Momente an (S. 79).

Laut Zirkler besteht die Herausforderung an Organisationsberatung darin, „eine gute Mischung aus Handwerk, Kunst und Magie" bereitzustellen (Zirkler, 2003, S. 160). Zum Handwerk der fachlich-theoretischen Grundausstattung kommt die Kunst des Einsatzes von fach- und prozessbezogenen Aspekten wie Intuition, Einfühlung, Aufmerksamkeit, Spontanität, durch den die „Kontextualisierung des beraterischen Handwerks" (S. 159) erreicht wird. Die dritte Zutat, Magie, wird auf zirkuläre Weise wirksam, als *self-fulfilling prophecy*: Sie besteht oberflächlich in der Zuschreibung bestimmter Eigenschaften zum Beratersystem durch das Klientensystem – Kompetenz, Erfahrung, Fingerspitzengefühl, Durchsetzungsvermögen (S. 160). Durch den wechselseitigen Glauben an das Vorhandensein dieser Eigenschaften im Beratersystem und im Klientensystem werden in der Tiefenstruktur des Beratungssystems, das in der Begegnung von Beratersystem und Klientensystem neu entsteht, Vertrauen und Zutrauen als Grundvoraussetzung für das Zustandekommen und das Vorankommen des Veränderungsprozesses aktiviert[6].

Nach Zirkler und Raschèr (2013) werden magische Momente erlebbar, wenn Moderation 3. Ordnung gelingt. Sie unterscheiden drei logische Ebenen der Moderation, in Anlehnung an die und Weiterentwicklung der Unterscheidung logischer Ebenen von Whitehead und Russell (1910) sowie von Watzlawick, Weakland und Fisch (2005). Moderation 1. Ordnung dient dazu, Übersicht zu gewinnen und Klarheit zu schaffen, Moderation zweiter Ordnung hilft Komplexitäten zu erkennen und Mehrdeutigkeiten zuzulassen. Die Katalysatoren-Funktion der Beratungsperson sowie die Irritation als Interventionsmittel, die

---

6   Vgl. dazu die Ausführungen von Häfele und Lantner zur Beziehungsgestaltung in der Organisationsberatung (2003, S. 128-131).

Nowak und Neubert-Liehm (2011, S. 79) als Faktoren für das Entstehen magischer Momente nennen, kommen bei Zirkler und Raschèr auf der zweiten Ordnungsebene der Moderation zum Einsatz. Moderation dritter Ordnung geht auf der nächsthöheren Stufe mit dem System auf eine Weise um, die es ermöglicht, zentrale Sinnfragen zu stellen und (im Text nicht weiter spezifizierte) „magische" Momente zu erleben (Zirkler & Raschèr, 2013). Für die beiden Autoren lassen sich die Schritte der Veränderung in der individuellen Aufmerksamkeits- und Handlungsstruktur, die den Scharmerschen U-Prozess formen (Scharmer 2009a, 2009b; ausführlich dargestellt in Kapitel 2.6 der vorliegenden Arbeit), den drei Ordnungsebenen der Moderation zuweisen: Mit dem *Downloading*, der Orientierung am Wissen aus der Vergangenheit, wird in der Moderation 1. Ordnung gearbeitet, *Sensing* (Hinspüren) erfordert Moderation zweiter Ordnung und das *Presencing*, das Ausrichten an den zukünftigen Möglichkeiten am Wendepunkt des U-Prozesses, kann nur durch Moderation dritter Ordnung begleitet werden. Soweit die Moderation des Dekonstruktionsprozesses. Bei der schöpferischen Neu-Konstruktion werden im Anschluss an das *Presencing* die Verdichtung und das *Prototyping* des angestrebten Ergebnisses durch Moderation zweiter Ordnung begleitet, bevor beim Verwirklichen, beim In-die-Welt-Bringen von der Zukunft her gedachter Entwürfe im *Performing* wieder durch eine Moderation 1. Ordnung Übersicht und Klarheit in sichtbarer gegenständlicher Form vermittelt werden.

2.5 Drei Ebenen der Organisationskultur nach Schein

Bezogen auf die Kultur der Organisation hat Schein (1995) bereits vor Jahrzehnten ein Modell geschaffen, das noch immer Gültigkeit hat und sich in Zusammenhang mit der Theorie U gleichermaßen auf das Individuum als Mitspieler in der Organisation und als Repräsentant ihrer Verfassung übertragen lässt.

Schein (1995) unterscheidet drei Ebenen, aus denen Organisationskultur aufgebaut ist: Artefakte, öffentlich bekundete Werte und grundlegende unausgesprochene Annahmen. Sie unterscheiden sich nach der Sichtbarkeit der Phänomene, die sie kennzeichnen: Schein bezeichnet die Artefakte als explizit, die öffentlich bekundeten Werte als implizit-explizit und die grundlegenden unausgesprochenen Annahmen als implizit. Je tiefer die Kulturschicht, umso weniger sichtbar ist das, was sie zur Gesamtkultur beiträgt. Auf der obersten Ebene, der Außenhaut, sind die Artefakte einer Organisation zu finden. Dazu gehören alle sichtbaren Strukturen und Prozesse im Unternehmen. Auf einer mittleren Ebene liegen die öffentlich propagierten Werte eines Unternehmens (Schein, 2003). Die dazu gehörenden Strategien, Ziele, Philosophien werden teilweise sichtbar in ihrer indirekten Vermittlung über die Ausgestaltung der Strukturen und Prozesse. Organisationale Werthaltungen als Gruppenwissen gehen auf die Werte einzelner Gründerpersonen zurück, die sich als brauchbare Ansätze erwiesen und durchgesetzt haben. Die unterste Ebene, die tiefste Schicht der Organisationskultur, wird gebildet aus diesen grundlegenden unausgesprochenen Annahmen, die nach außen hin nicht sichtbar sind. Mit den unbewussten, für selbstverständlich gehaltenen Überzeugungen, den Wahrnehmungen sowie Gedanken und Gefühlen bildet sie die Quelle aller Werte und allen Handelns in der Organisation (Schein, 2003, S. 31). Anders aussehende Artefakte in verschiedenen Organisationen, wie etwa ein unterschiedlicher Kommunikationsstil der Mitarbeitenden im Umgang miteinander, können auf ähnliche grundlegende unausgesprochene Annahmen zurückgehen. Das gleiche oder ein ähnliches Set von grundlegenden unausgesprochene Annahmen kann demnach mehrere verschiedene Ausformungen auf der Ebene der Strategien, Ziele, Philosophien haben, und eine einzelne Philosophie kann sich in ganz unterschiedlichen Artefakten äußern. Dies wird durch die trichterförmige Darstellung[7] des Modells veranschaulicht.

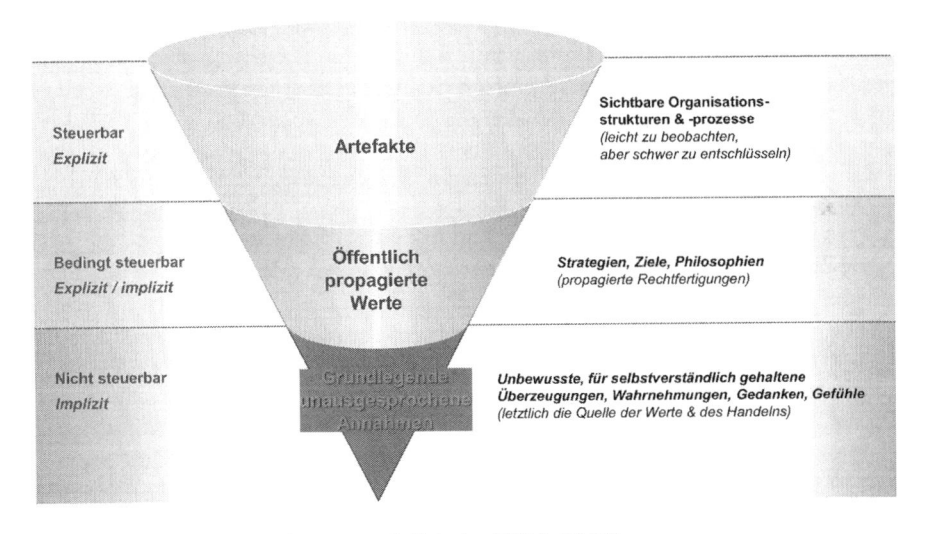

Abbildung 1: Kulturebenen nach Schein (1995, 2003)

---

[7] Diese Darstellung wurde unter anderem angeregt durch das Schichtenmodell zur Bearbeitung von Konflikten von Schmidt und Berg (2004, S. 159).

Die tiefste Schicht gilt es zu ergründen und zu verstehen, um die Phänomene in den höheren Schichten deuten und verstehen zu können. Die sichtbaren Artefakte lassen sich durch direkte operative Steuerung (Ausgabe von Handlungsanweisungen oder Produktionsplänen) leicht verändern. Ziele, Strategien, Philosophien – die zumindest erschließbaren öffentlich propagierten Werte auf der mittleren Ebene sind durch komplexe Kommunikationsprozesse bedingt steuerbar. Die grundlegenden unausgesprochenen Annahmen auf der untersten Ebene lassen sich weder sichtbar machen, noch linear steuern, da sie an die individuellen Werthaltungen der Organisationsmitglieder geknüpft sind.

Zur Beantwortung der Frage, was es braucht, um Veränderungen auf den einzelnen Ebenen zu ermöglichen, lässt sich eine Verknüpfung mit der von Zirkler und Raschér (2013) getroffenen Unterscheidung in Moderation erster, zweiter und dritter Ordnung herstellen. Veränderung auf der Ebene der sichtbaren Artefakte wird durch Moderation erster Ordnung unterstützt, mit deren Hilfe Übersicht und Klarheit geschaffen werden über die sichtbaren Organisationsstrukturen und Prozesse (z.B. Architektur und Raumgestaltung, Kleidung, Sprache und Humor, Rituale und Feiern). Die nur noch teilweise sichtbaren Strategien, Ziele, Philosophien der zweiten Ebene können durch Moderation zweiter Ordnung bewegt werden. Ermöglicht wird das Erkennen und Managen von Komplexitäten sowie die Verortung im Spannungsfeld widersprüchlicher oder mehrdeutiger propagierter Rechtfertigungen. Mit der Moderation dritter Ordnung wird der Prozess der gemeinsamen Sinnstiftung für die Organisation durch das Vernetzen der individuellen Werthaltungen begleitet. Mit der Moderation erster Ordnung wird das Verhalten in der Gruppe betrachtet, mit der Moderation zweiter Ordnung das dahinter liegende Führungsmodell und mit der Moderation 3. Ordnung die persönlichen Einstellungen als Quelle, aus der heraus auf den beiden höheren Ebenen entschieden und gehandelt wird.

Um die Kulturebenen zu beeinflussen, sind unterschiedliche Formen von Lernprozessen zu aktivieren: *single-loop learning* und *double-loop learning* (Argyris & Schön, 2002). Artefakte lassen sich durch *single-loop learning* verändern – die Prozesses bleiben gleich, geändert wird die Art der Ausführung, die konkrete Aktion, damit das Produkt eine andere Form erhält. Die öffentlich propagierten erklärten Werte werden verändert, indem die Prozesse hinterfragt und neu gestaltet werden (*double-loop learning*). Beim zirkulären Akt des *double-loop learning*, dem „Lernen des Lernens" (Königswieser & Hillebrand, 2011), wird auf dieses Weise der Prozess des Lernens verändert, um alte Denkmuster auflösen zu können.

Das Konzept der Kulturebenen nach Schein lässt sich für eine Analogiebildung zwischen den individuellen und den sozialen oder organisationalen Veränderungsprozessen nutzen, die in der Theorie U beschrieben werden. Nach

Scharmer (2009a, 2009b) geht die Höherentwicklung der Feldstruktur der Aufmerksamkeit siehe Kapitel 2.6.4) einher mit dem Vordringen in tiefere Schichten des menschlichen Wissens und Bewusstseins (siehe Kapitel 2.6.5). Bereits in der u-förmigen Darstellung wird augenfällig, dass mit dem Vordringen in diese tieferen, unsichtbaren Schichten der inneren Haltung für eine dauerhafte Verwurzelung des angestrebten veränderten Handelns auf der oberen sichtbaren Ebene gesorgt wird. Mit der bewussten Reflexion der Verbindung von Haltung und Handlung wird Einklang geschaffen zwischen unbewussten Anteilen der Motivation (tiefere Bedürfnisse) und den bewussten Motiven zielorientierten Handelns. Den Zusammenhang zwischen Bedürfnissen und Motiven beim Individuum haben Storch und Krause (2007) in ihrer Erweiterung des von Achtziger und Gollwitzer (2010) stammenden Rubikon-Prozess-Modells der Phasen von Motivation und Volition beschrieben. Danach kann Motivation nicht oder nur unter Kraftanstrengung in Handlungsabsicht und Handlung übersetzt werden, wenn zwischen unbewussten Bedürfnissen und bewussten Motiven Konflikte bestehen.

Scharmer (2009b) erkennt drei Perspektiven im Führungshandeln: das Ergebnis (Was), den Prozess (Wie) und das Individuum (Wer). Die innere Haltung der Führungsperson (Wer) bestimmt deren Umgang mit den Führungsprinzipien (Wie) sowie deren Umsetzung in den Führungsaufgaben (Was). Der Zusammenhang ist zirkulär: Das Individuum ist die Quelle für eine gelingende Prozesssteuerung samt dem gewünschten Ergebnis und gleichzeitig ihr Gegenstand. Das *Presencing* und die gesamte Theorie als soziale Technik setzen beim Individuum an. Eine nachhaltige Veränderung in jedwedem sozialen Kontext setzt eine Veränderung bei seinen kleinsten Bestandteilen voraus. Auf den drei Ebenen der Organisationskultur nach Schein (2003) wird das Individuum (Wer) mit seinen unausgesprochenen Einstellungen auf der untersten Ebene (grundlegende unausgesprochene Annahmen) wirksam, in welcher Schein die Quelle der Werte und des Handelns erkennt. Die Prozesse und Leitprinzipien der Führung (Wie) wären auf der mittleren Ebene (öffentlich propagierte Werte) zu finden, während das Ergebnis der Führungsarbeit (Was) auf der obersten Ebene (Artefakte) sichtbar wird (Schein, 2003, S. 31).

2.6 Gegenstand Theorie U

Die Theorie U von Scharmer (2009a, 2009b) ist einerseits eine neue theoretische Perspektive auf das, was in einem System vorgeht, welches sich – bewusst oder unbewusst – in einem Veränderungsprozess befindet. Dieses System kann sowohl ein Individuum sein als auch eine Gruppe oder eine Organisation oder die gesamte Gesellschaft. Andererseits stellt die Theorie U ein methodisches Gerüst zur Verfügung, das als soziale Technik für die Begleitung von Veränderungsprozessen eingesetzt werden kann. In der Doppelfunktion von Theorie und Methode ist die Theorie U zirkulär. Als Theorie zur Beschreibung und Erklärung des Status quo eingesetzt, wird sie im nächsten Schritt als Interventionsmethode zur Beeinflussung des Prozesses gebraucht, der einen neuen Status quo entstehen lässt.[8]

Hayashi (2010) fasst zusammen, dass die Theorie U nach Scharmer (2009a, 2009b) drei Zwecken dient:

- als Schema zur Beschreibung eines Change-Prozesses,
- als Interventionsmethode zur Durchführung eines Change-Prozesses auf individueller, organisationaler, Gemeinde- oder globaler Ebene und
- zur Beschreibung von Phänomenen, die ohnehin in allen natürlichen Prozessen vorkommen.

Im Rahmen der Aufarbeitung der Theorie U in den nachfolgenden Kapiteln wird nicht der Versuch unternommen, ihre inneren, sich in der Terminologie niederschlagenden Widersprüche aufzuheben. Vielmehr werden diese als konstituierender Teil der Theorie und als Schlüssel zu ihrem Verständnis angesehen. In Anlehnung an Hayashi (2010) wird bei der Betrachtung der verschiedenen Ebenen, Haltungen und Sub-Prozesse der Theorie U jeweils festgehalten, welcher der beiden folgenden Kategorien diese zuzuordnen sind und aus welchen Gründen:

1. *Theoretisches Erklärungsmodell* (Schema zur Beschreibung eines Change-Prozesses und von Phänomenen, die ohnehin in allen natürlichen Prozessen vorkommen)
2. *Handlungsanleitung* (Interventionsmethode zur Durchführung eines Change-Prozesses auf individueller, organisationaler, Gemeinde- oder globaler Ebene)

Zum Einstieg wird kurz die historische Entwicklung in der Führungsforschung zusammengefasst, die nach Scharmers eigener Einschätzung zur Entstehung der Theorie U geführt hat.

---

[8] Möglicherweise ist in dieser begrifflichen und konzeptionellen Mehrdeutigkeit ein Grund für die Schwierigkeit der Beforschung der Theorie U zu sehen.

2.6.1 Entstehung

Ausgangspunkt für die von ihm entwickelte Theorie U war für Scharmer die Beobachtung eines blinden Flecks in Führung und Innovation (Käufer & Scharmer, 2007). Damit gemeint ist das (noch) nicht genutzte Potential der Wissensquelle, aus der heraus Führungskräfte oder Systeme handeln. Führungshandeln wird in Analogie zum Schaffensprozess des bildenden Künstlers vor der leeren Leinwand aus drei Perspektiven betrachtet. „Wir können das Gemälde betrachten, *nachdem* es geschaffen wurde (Gegenstand), *während* es geschaffen wird (Prozess) oder *bevor* der Schaffungsprozess beginnt (leere Leinwand)." (Käufer & Scharmer, 2007, S. 77; Hervorhebungen im Original) In der Führungsarbeit stehen beobachtbare Resultate (WAS) am Ende eines Prozesses (WIE), den die Führungskraft mit einer bestimmten inneren Haltung (WER) ausführt (Scharmer, 2009a, S. 6), so dass Führungsarbeit aus drei Perspektiven betrachtet werden kann (nach Käufer & Scharmer, 2007, S. 80):

WAS Führungskräfte tun: Das fertige Bild

↑

WIE sie es tun, Prozesse, die sie nutzen: Pinsel, Farben, Maltechniken

↑

Die QUELLE, von der aus Führungskräfte (WER) handeln: Inspiration vor der leeren Leinwand

Zur Bedeutung der inneren Quelle, aus der heraus Führungshandeln gestaltet wird, zitiert Scharmer einen von ihm interviewten Wirtschaftsführer: „Der Erfolg einer Intervention hängt von der inneren Verfasstheit des Intervenierenden ab" (Scharmer, 2011, S. 37). Scharmer differenziert aus, dass Führungskräfte Führungsstärke auf vier Ebenen entfalten müssen, um zukünftige Herausforderungen zu meistern: „(1) Persönliche Führungsstärke (Stärkung der eigenen Persönlichkeit); (2) Führung von Dritten (durch Teamarbeit), (3) organisatorische Führungsstärke (der Institution) und (4) Führungsarbeit, welche die sozial-ökologischen Gesamtzusammenhänge berücksichtigt." (Scharmer, 2011, S. 36). Er weist darauf hin, dass die Perspektive des sozial-ökologischen Gesamtzusammenhangs bislang in der Führungsarbeit zu wenig ausgebildet ist, was für ihn mit einem Mangel an Achtsamkeit und Aufmerksamkeit auf der Ebene der Persönlichkeit zusammenhängt. „Die Qualität von Ergebnislösungen in unserem System hängt von dem Grad der bewussten Umsicht ab, mit welcher die Akteure in diesem System Probleme lösen." (Scharmer, 2011, S. 37)

Eine zunehmende Ausrichtung auf die innere Haltung der Führungsperson hin beobachten Käufer und Scharmer (2007; Scharmer 2009a, 2009b) in der Entwicklung der Managementlehre seit den 80er Jahren des 20. Jahrhunderts. War bis dahin der Fokus auf die Produkte und den Profit gerichtet, das Ergebnis der Führungsarbeit, rückten in den 80er und 90er Jahren die Prozesse in den Vordergrund der Betrachtung. Beginnend in den 90er Jahren und bis heute andauernd, wird der Fokus auf einen weiteren Schritt in Richtung Wissensquelle vorverlegt, auf die Innovation. Das, was betrachtet wird, wird zunehmend schwieriger zu beobachten und zu beschreiben, da es immer tiefer unter der sichtbaren Oberfläche (= Resultate) zu finden ist.

Notwendig wird diese Fokusverschiebung nach Ansicht von Käufer und Scharmer aufgrund der Zunahme von Komplexität in der Umwelt, mit der sich jede Organisation auseinandersetzen muss. Käufer und Scharmer unterscheiden drei Typen von Komplexität (2007, S. 75-76):

- Dynamische Komplexität: Ursache und Wirkung fallen in Zeit und Raum auseinander
- Soziale Komplexität: Akteure haben unterschiedliche Perspektiven, Sichtweisen und Interessen
- Emergente Komplexität: Entwicklung in diskontinuierlichen Sprüngen; die Zukunft ist mehr als eine Verlängerung gegenwärtiger Trends

Zur quantitativen Zunahme von Komplexität kommt eine Zunahme der Bedeutsamkeit einer bestimmten Form der Komplexität. Während sich dynamischer Komplexität mit dem (Gesamt-)Systemansatz begegnen lässt und soziale Komplexität mit dem betriebswirtschaftlichen Multi-Stakeholder-Ansatz bewältigt werden kann, erfordert die angesichts exponentieller Entwicklungen in Wirtschaft und Gesellschaft bedeutsamer werdende emergente Komplexität ein genauer auf sie abgestimmtes Instrument. Für den Umgang mit ihr reicht die Rückbesinnung auf die Erfahrungen aus der Vergangenheit nicht mehr aus. Notwendig ist ein Verfahren, das den Aufmerksamkeitsfokus von den Mustern der Vergangenheit zu den zukünftigen Möglichkeiten schwenkt. Dieses „Lernen aus der im Entstehen begriffenen Zukunft" (Käufer & Scharmer, 2007, S. 77) beschreibt Scharmer mit dem *Presencing*-Prozess. „Presencing ist eine Wortschöpfung aus den englischen Wörtern ‚presence', also Gegenwart oder Anwesenheit, und ‚sensing', also fühlen, erspüren." (Käufer & Scharmer, 2007, S. 77) Es gilt, die höchsten zukünftigen Möglichkeiten des Systems wahrzunehmen und umzusetzen, sowohl bezogen auf das Individuum als auch auf die Organisation.

Scharmer unterscheidet vier Ebenen des Lernens und der Veränderung, die mit unterschiedlichen Quellen der ausgeübten Handlung und unterschiedli-

2.6 Gegenstand Theorie U

chen Qualitäten von Komplexität in Verbindung stehen: Reacting (Aktion, Reagieren), Redesigning (Prozesse, Strukturen), Reframing (Denken, Annahmen), Regenerating (Selbst, Wille) (Scharmer, 2009b, S. 72). Je abstrakter die im Lernen bearbeitete Ebene wird, das heißt, je weiter sie nach innen, in Richtung Haltung und Einstellung des Individuums rückt, umso höher der Komplexitätsgrad sowohl der zu verändernden inneren Muster als auch der äußeren Umgebung, die damit bewältigt werden kann. In der folgenden Tabelle werden diese Zusammenhänge im Überblick dargestellt.

Tabelle 1: Vier Ebenen des Lernens und der Veränderung (Scharmer, 2009b, S. 72)

Perspektive	Komplexitätsstufe	Lernhandlungen und Ebenen der Verwurzelung des Wissens
Manifeste Handlung		1. Reacting: Aktion, Reagieren
Prozess, Struktur	Dynamische Komplexität	2. Redesigning: Prozesse, Strukturen
Denken	Soziale Komplexität	3. Reframing: Denken, Annahmen
Quellen der Intention und Kreativität	Emergente Komplexität	4. Regenerating: Selbst, Wille

2.6.2 Theorie U im Überblick

Scharmers Theorie U (2009a, 2009b) ist ein komplexes, teilweise eklektisches[9] Theoriegebäude mit vielen Stockwerken, das in einer Abfolge von Bauphasen über einen längeren Zeitraum entstanden ist. In dem Gemeinschaftswerk *Presence* (Senge, Scharmer, & Flowers, 2004), in dem neben den Ergebnissen auch der Prozess des interdisziplinären Austauschs der Autorin und der Autoren wiedergegeben wird, erschien bereits 2004 ein modellhafter Überblick über den U-Prozess (S. 219), teilweise noch mit anderer Terminologie. In der Einleitung zur Theorie U erwähnt Scharmer unterschiedliche Theorien organisationalen Lernens, wie etwa Senge (2011), Argyris und Schön (1996, 2002), Schein (1995, 2003) oder Weick (1995). Scharmer unterscheidet zwei Quellen des Lernens: „Lernen aus der Vergangenheit und Lernen aus der im Entstehen begriffenen Zukunft" (Scharmer, 2009b, S. 30). Sowohl *single-loop learning*, als auch *double-*

---

9   Beleg dafür sind die von Scharmer selbst in seinem umfangreichen Danksagungskapitel (2009a, S. xix-xxiv; 2009b, S. 17-21) angeführten Referenzen und Inspirationsquellen.

loop learning nach Argyris und Schön (1974, 1996, 2002) ordnet er der ersten Quelle zu und begründet mit dem Fehlen von Konzepten zum Erschließen der zweiten Quelle seine Motivation zur Ausarbeitung der Theorie U. „Organisationales Lernen dreht sich darum, wie Lernprozesse initiiert, verbessert und nachhaltig gemacht werden. Die Lernprozesse basieren auf einer Reflexion zurückliegender Erfahrungen." (Scharmer 2009b, S. 73)

Die Terminologie der Theorie U ist nicht durchgehend einheitlich. Entlang der U-Bewegung werden mehrere Haltungen oder Handlungsmodi und Umschlagspunkte sowie Subprozesse beschrieben, die teilweise ineinander greifen oder redundant sind. Beispielsweise ist in Zusammenhang mit den sieben Grundhaltungen oder Handlungsmodi sowohl von Feldstrukturen als auch von kognitiven Räumen (Scharmer 2009b, S. 63) die Rede; oder die vier Feldstrukturen der Aufmerksamkeit, die den Teilprozess des Loslassens kennzeichnen, werden auch als „Bewusstseinsebenen" (Scharmer 2009b, S. 37) bezeichnet. Bevor die zentralen Stufen, Prozessschritte, ihre unterschiedlichen Gruppierungen und die verschiedenen Einflussfaktoren auf den Prozess näher erläutert werden, soll daher ein Überblick über den Gesamtprozess mit seinen wesentlichen Ebenen, Schritten und Phasen sowie deren Zusammenhänge folgen. Dabei wird von folgender Zuordnung zu den beiden Ebenen *Erklärungsmodell* und *Handlungsanleitung* ausgegangen:

1. *Erklärungsmodell*: drei Schichten des Wissens (siehe Kapitel 2.6.3), vier Feldstrukturen der Aufmerksamkeit oder Bewusstseinsebenen (siehe Kapitel 2.6.4), drei Hindernisse (siehe Kapitel 2.6.5)
2. *Erklärungsmodell* und *Handlungsanleitung*: drei Stadien und Instrumente tieferer Schichten des Wissens (siehe Kapitel 2.6.5), sieben Grundhaltungen oder Handlungsmodi (oder Feldstrukturen oder kognitive Räume) (siehe Kapitel 2.6.7) (In Kapitel 2.6.6 wird ein Exkurs über die Überwindung von Angst und Unsicherheit in der Grundhaltung des *Presencing* am tiefsten Punkt des U eingeschoben.)
3. *Handlungsanleitung*: drei Phasen des Veränderungsprozesses (im Folgenden in diesem Kapitel), sechs Umschlagpunkte (siehe Kapitel 2.6.8), fünf Grundbewegungen des gemeinsamen Handelns (siehe Kapitel 2.6.9)

Die folgende Abbildung zeigt die Hauptphasen und -schritte sowie die Ebenen der Theorie U im Überblick:

2.6 Gegenstand Theorie U

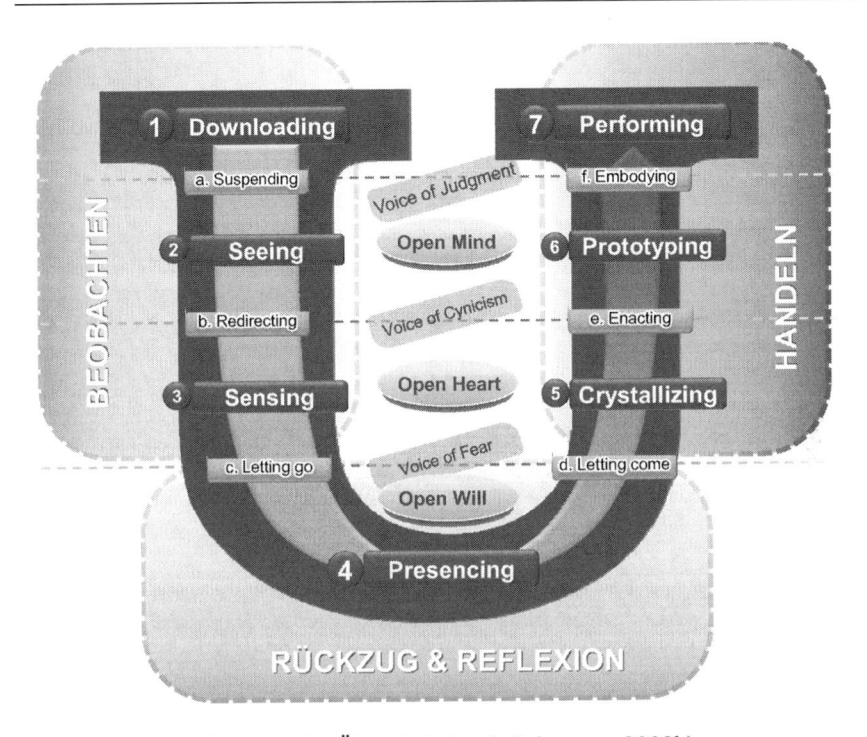

Abbildung 2: Theorie U im Überblick (nach Scharmer, 2009b)
        3 Phasen: Beobachten, Rückzug und Reflexion, Handeln
        3 Instrumente der Veränderung: *Open Mind, Open Heart, Open Will*
        3 Hindernisse: *Voice of Judgment, Voice of Cynicism, Voice of Fear*
        7 Grundhaltungen oder Handlungsmodi (1-7): *Downloading, Seeing, Sensing, Presencing, Crystallizing, Prototying, Performing*
        6 Umschlagpunkte (a-f): *Suspending, Redirecting, Letting go, Letting come, Enacting, Embodying*

Die u-förmige Bewegung bildet drei Phasen im Veränderungs- und Lernprozess ab, denen jeweils charakteristische Aktivitäten zugeordnet sind (Scharmer, 2009a, S. 33; 2009b, S. 57):

- Beobachten
- Rückzug und Reflexion
- Handeln

Auf diese drei Phasen, die als *Handlungsanleitung* zu lesen sind, verteilen sich sieben Grundhaltungen oder Handlungsmodi, die wechselweise deskriptives

Erklärungsmodell oder *Handlungsanleitung* sein können. Ein Entwicklungsschritt in Form eines Wechsels von einer Haltung in die nächste ist mit einer Verschiebung des Aufmerksamkeitsfokus verbunden. In der ersten Phase (Beobachten) sind dies die Schritte 1 *Downloading* (Herunterladen), 2 *Seeing* (Hinsehen), 3 *Sensing* (Hinspüren). Die zweite Phase (Rückzug und Reflexion) dient dem 4 *Presencing* (dem Sich-Verbinden mit dem ursprünglichen Geist, der tiefsten Quelle des Entscheidens und Handelns, dem Sich-Vergegenwärtigen). Die dritte Phase (Handeln) umfasst die Entwicklungsschritte 5 *Crystallizing* (Verdichten), 6 *Prototyping* (Erproben) und 7 *Performing* (In-die-Welt-bringen, In-die-Tat-umsetzen). Als reine *Handlungsanleitung* werden für die Übergänge zwischen den sieben Schritten sechs Umschlagpunkte beschrieben:

a. *Suspending*/Innehalten (vom *Downloading*/Herunterladen zum *Seeing*/Hinsehen)
b. *Redirecting*/Umwenden (weiter zum *Sensing*/Hinspüren)
c. *Letting go*/Loslassen (weiter zum *Presencing*/Sich-mit-der-Quelle-verbinden)
d. *Letting come*/Kommen lassen (weiter zum *Crystallizing*/Verdichten)
e. *Enacting*/Hervorbringen (weiter zum *Prototyping*/Erproben)
f. *Embodying*/Verkörpern (weiter zum *Performing*/In-die-Welt-bringen)

Im Verlauf des gesamten Prozesses werden drei Fertigkeiten ausgebildet, die gleichzeitig als Merkmal des erreichten Bewusstseinszustands (geöffnet) Teil des deskriptiven Erklärungsmodells und als Instrumente (offen) zum Erschließen der nächsten Stufe Teil der Handlungsanleitung sind:

- *Open Mind* (geöffneter Geist oder offenes Denken)
- *Open Heart* (geöffnetes Herz oder offenes Fühlen)
- *Open Will* (geöffneter Wille oder offenes Wollen)

Die begriffliche Unterscheidung zwischen offen und geöffnet wird in der deutschen Übersetzung (Scharmer 2009b) des Originaltexts (Scharmer 2009a) nicht gemacht, erscheint jedoch sinnvoll, um die funktionale Mehrdeutigkeit (Zustand und Prozess gleichzeitig) sowie den zirkulären Charakter der drei Ebenen zu veranschaulichen. Als weiterer Teil des *Erklärungsmodells* werden drei Hindernisse beschrieben, die jeweils dem Öffnen der nächsttieferen Bewusstseinsschicht entgegenstehen: die Stimmen von Abwertung (Judgement), Zynismus (Cynicism) und Angst (Fear).

Die folgende detaillierte Beschreibung der Bestandteile der Theorie U enthält, wie der Originaltext, Redundanzen, die auf die Gruppierung der Prozessschritte und -phasen aus unterschiedlichen theoretischen Perspektiven zurück zu führen sind. Zudem werden englische und deutsche Begriffe weiterhin nebeneinander gebraucht, da für diese Arbeit einige Begriffe und Wendungen aus dem englischen Originaltext (Scharmer 2009a) leicht abweichend von der deutschen Buchausgabe (Scharmer 2009b) übersetzt wurden.

Zusätzlich zu den in der Übersicht gezeigten und bereits kurz skizzierten Phasen, Schritten und Ebenen der Theorie U werden zum einen vorab die von Scharmer dem gesamten Konzept zugrunde gelegten *Erklärungsmodelle* der drei Schichten des Wissens (Kapitel 2.6.3) sowie der vier Feldstrukturen der Aufmerksamkeit zur Beschreibung der allgemeinen Bewusstseinsebenen (Kapitel 2.6.4) erörtert. Zum anderen wird im abschließenden Kapitel 2.6.9 mit den vier Grundbewegungen, die aus Zusammenfassungen und teilweisen Neubenennungen der sieben Grundhaltungen oder Handlungsmodi entstehen, die *Handlungsanleitung* um die Schritte des gemeinschaftlichen Veränderungsprozesses ergänzt.

Für eine leichtere Orientierung in der Vielschichtigkeit und Materialfülle der Theorie U werden am Ende einiger Unterkapitel sowie im Exkurs-Kapitel 2.6.6 die jeweiligen Zusammenhänge zu anderen Theoriekapiteln aufgezeigt sowie Verknüpfungen zur Hypothesenbildung für die Datenauswertung hergestellt.

2.6.3 Zugang schaffen: Drei Schichten des Wissens

Mit dem gesamten U-Prozess werden tiefere, unbewusste Schichten des Wissens erschlossen. Der blinde Fleck in Bezug auf den inneren Ort, von dem aus ein Individuum oder ein soziales System in seinem Umfeld entscheidet und handelt, wird erkundet, die Verbindung zur ursprünglichen Quelle des authentischen Selbst wird hergestellt. Bei den Formen des Wissens, auf die Individuen und soziale Systeme zugreifen können, unterscheidet Scharmer in seinem *Erklärungsmodell* drei Ebenen. Zuoberst liegt das explizite Wissen, sichtbar und dem Bewusstsein zugänglich. Auf der mittleren Ebene ist das verborgene Wissen zu finden, das in Prozessen oder Gegenständen verkörpert und dem Bewusstsein indirekt zugänglich ist. Zuunterst ist das selbsttranszendierende Wissen, das noch nicht verkörpert und dem Bewusstsein nicht zugänglich ist (Scharmer, 2009a, S. 70; 2009b, S. 88).

explizites Wissen

verborgenes Wissen
[verkörpertes Wissen]

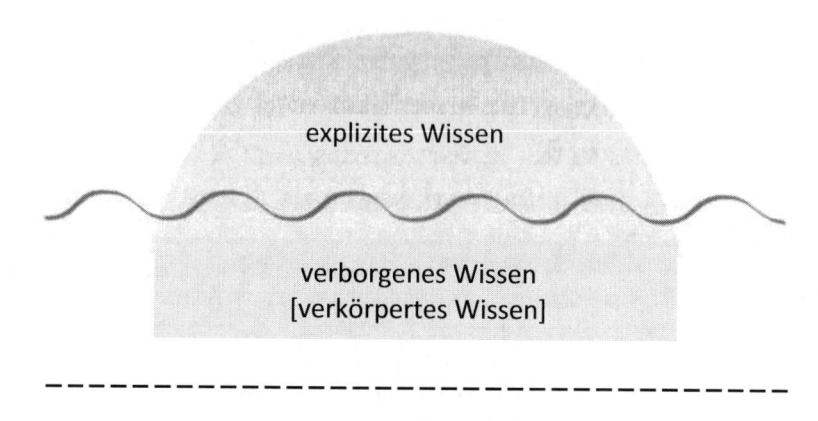

selbsttranszendierendes Wissen
[noch nicht verkörpert]

Abbildung 3: Drei Schichten des Wissens (Scharmer, 2009b, S. 88)

In Bezug auf das Modell von Käufer und Scharmer (2007) bedeutet dies, dass bei der Arbeit an Ergebnissen explizites Wissen genutzt wird, bei der Auseinandersetzung mit Prozessen wird verborgene Wissen genutzt, während beim Umgang mit Innovationen und inneren Haltungen noch nicht verkörpertes selbsttranszendierendes Wissen aktiviert wird.

2.6.4 Feldstruktur der Aufmerksamkeit: Vier Bewusstseinsebenen

Zur Beschreibung der Veränderung, die im schöpferischen Prozess zu erfahren ist, setzt Scharmer im *Erklärungsmodell* das Konzept „Feldstruktur der Aufmerksamkeit" ein. Darin definiert sind verschiedene Stadien der inneren Haltung, aus der heraus das Individuum oder das soziale System in der Umwelt seines sozialen Feldes agiert. Auf der Ebene des theoretischen Erklärungsmodells unterscheidet Scharmer im Teilprozess des Loslassens insgesamt vier Feldstrukturen der Aufmerksamkeit, denen er jeweils eine spezifische Form des kommunikativen Handelns zuordnet. Unterschieden wird die Art und Weise, wie die Aufmerksamkeit auf das Selbst und das umgebende soziale Feld ausgerichtet ist. Diese Arten der Aufmerksamkeitszuwendung bezeichnet Scharmer auch als

2.6 Gegenstand Theorie U

„layers of consciousness" (2009a, S. 13) oder "Bewusstseinsebenen" (2009b, S. 37). Von der reinen Ich-Bezogenheit (Ich-im-Ich/Ich-in-mir) verlagert sich der Fokus zunächst an den noch undurchlässigen Rand des Ich-Feldes auf eine Position, die den neutralen Blick nach innen und nach außen möglich macht (Ich-im-Es). Im nächsten Schritt wird die Grenze durchlässig; ein Verlassen des Ich-Raums zum Erkunden des umliegenden Feldes wird möglich ebenso wie das Einströmen des umliegenden Feldes in den Ich-Raum (Ich-im-Du). Die vierte Stufe verbindet in paradox anmutender Weise höchste Unschärfe mit klarer Ausrichtung – die Aufmerksamkeit (Ich-in-Gegenwärtigung) ist im gesamten Feld verteilt und gleichzeitig in schöpferischer Stille auf die Gestalt annehmende Zukunft gerichtet.

Die folgende Abbildung zeigt die beschriebenen Feldstrukturen der Aufmerksamkeit sowie die zugeordneten Felder des kommunikativen Handelns in ihrer Zuordnung zu den Ebenen des U-Prozesses:

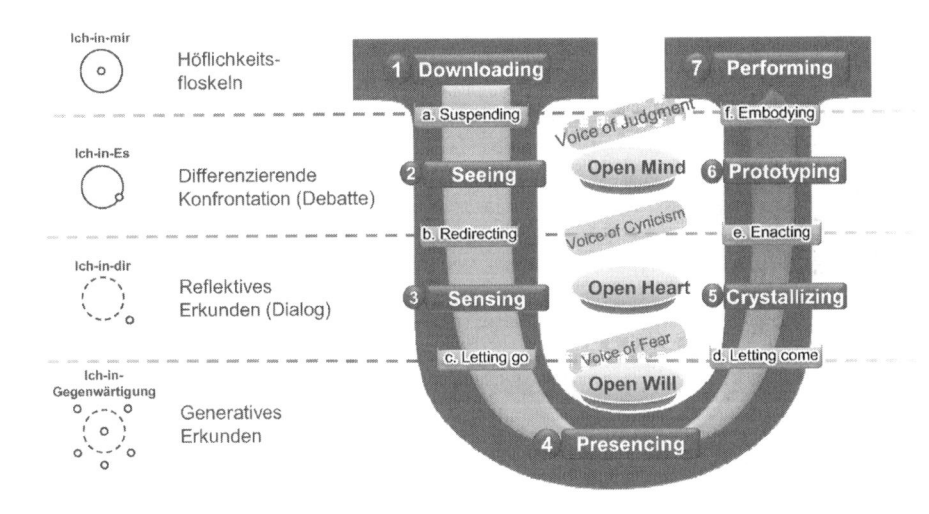

Abbildung 4: U-Prozess, Feldstrukturen der Aufmerksamkeit, kommunikatives Handeln (nach Scharmer, 2009b, S. 232)

Den Feldstrukturen der Aufmerksamkeit sind jeweils spezifische Kommunikationsweisen zugeordnet:

- *Ich-im-Ich/ich-in-mir.* In dieser Feldstruktur der Aufmerksamkeit wird in leeren Phrasen und höflichen Routinen nach dem Mund geredet. In einem autistischen System sagen die Beteiligten nicht, was sie denken, sondern das, was die anderen hören wollen.
- *Ich-im-Es.* Mit dem Innehalten beim Sehen (*Seeing*) wird in einem adaptiven System Position bezogen (ich bin mein Standpunkt) und Tacheles geredet. Die Teilnehmenden im sozialen Feld vertreten ihre Sichtweise und lassen divergierende Sichtweisen zu. Sie debattieren und sagen dabei, was sie denken.
- *Ich-im-Du/ich-in-dir.* Durch einfühlsames Sehen und empathisches Zuhören gelingt der Schwenk vom Verteidigen zum Erkunden von Standpunkten. Im selbstreflexiven System sehen die Beteiligten sich selbst und finden in einen Dialog miteinander. Sie beginnen, von sich als einem Teil des Ganzen her zu sprechen.
- *Ich-im-Jetzt/Ich-in-Gegenwärtigung/Ich-in-der-Gegenwärtigkeit.* Der Schwenk von den Mustern der Vergangenheit hin zur im Entstehen begriffenen Zukunft schafft mit dem zukunftsöffnenden oder schöpferischen Hinhören die Voraussetzungen für die Entfaltung kollektiver Kreativität. Im co-kreativen Prozess entsteht ein generierendes, schöpferisches System, in dem das authentische Selbst von der entstehenden Möglichkeit her spricht.

2.6.5 Drei Stadien oder Instrumente und drei Hindernisse im Entwicklungsprozess

Im fortschreitenden Prozess werden drei tiefer liegende Quellen des Wissens und der Intelligenz als Werkzeuge des Agierens im sozialen Feld und zur Selbstbewusstwerdung erschlossen. Auf der Stufe des *Seeing* gelangt das Bewusstsein zum offenen Denken (geöffneter Geist). In der Haltung des *Sensing* öffnet sich das Herz und das offene Fühlen wird erreicht. Am tiefsten Punkt der Öffnung im *Presencing* werden Wille und Absicht geöffnet (offenes Wollen). Das Erschließen der tieferen Schichten von Intelligenz ist nur in einem zirkulären Prozess möglich: Jede Ebene ist gleichzeitig angestrebter Zielzustand und wird als solcher wiederum zum Instrument, das zur Erreichung der nächsttieferen Ebene eingesetzt wird. Dieser Teil der Theorie U ist daher sowohl *Erklärungsmodell* als auch *Handlungsanleitung*.

Das Festhalten an den alten Mustern bedeutet Sicherheit, selbst wenn sie in einer veränderten Umwelt nur noch eingeschränkt tauglich sind. Das Hinwenden zum unbekannten Neuen ist dagegen mit Unsicherheit verbunden und kann deshalb als Bedrohung empfunden werden (vgl. Schein 2003). Aus diesem Grund aktiviert das System im Veränderungsprozess innere Widerstände. Auf dem Weg des Erschließens tieferer Quellen der Intelligenz sind nach dem *Erklärungsmodell* insgesamt drei Hindernisse zu überwinden.

- Um auf die Stufe des offenen Denkens zu gelangen, muss die innere Stimme der Abwertung (*Voice of Judgment*), der kritisierende Geist, überwunden werden.
- Der Öffnung des Herzens steht die zynische Haltung entgegen (*Voice of Cynicism*).
- Die Öffnung des Willens oder der Absicht wird durch die Angst (*Voice of Fear*) erschwert.

Am Wendepunkt des U in der Theorie U (Scharmer, 2009a, 2009b), beim *Presencing*, geht die Abwärtsbewegung des schrittweisen Loslassens über in die Aufwärtsbewegung des schrittweisen Aufbauens. Dazwischen liegt das Nichts, die leere Leinwand. Zwei Ängste ringen an diesem Punkt im Individuum oder in der Organisation miteinander: die Angst vor dem unbekannten Neuen und die Angst, nicht überleben zu können, wenn das System den Mustern aus der Vergangenheit verhaftet bleibt.

2.6.6 Exkurs: Angst und Sicherheit im Lernprozess

Scheins Ausführungen über das Management von Angst und Unsicherheit im Veränderungsprozess (Schein, 2003) folgend, muss die Existenzangst, also die Angst, nicht zu überleben, grösser sein als die Angst vor dem vermeintlich bedrohlichen Unbekannten, um am tiefsten Punkt ausreichend Schwung zu finden für die gesamte Aufwärtsbewegung. Nach Schein ist das Ausbalancieren dieser beiden Arten von Angst die Voraussetzung dafür, dass in Organisationen nachhaltige Kulturveränderung überhaupt erreicht werden kann. Zu managen ist das Dilemma, dass die Betroffenen mit einer Art von Angst konfrontiert sind, wenn sie sich entschließen zu lernen und mit einer anderen, wenn sie sich entscheiden, an der Reproduktion alter Muster festzuhalten (Schein, 2003, S. 5). Schöpferisches Lernen beginnt, wenn die Überlebensangst grösser ist als die Angst vor dem neu zu Lernenden. Dieser Zustand wird üblicherweise durch einen Anstieg der Bedrohung durch die sich verändernde Umwelt erreicht, für die die alten Muster nicht mehr tauglich sind. Die alternative Möglichkeit besteht darin, ein Klima psychologischer Geborgenheit zu schaffen, in dem das „Stadium der vorübergehenden Inkompetenz" (Schein, 2003, S. 5), in das der Schritt in Richtung neue, unvorhersehbare Möglichkeiten das Individuum zunächst führt, seinen Schrecken verliert. Schein schlägt neun Maßnahmen vor, durch die Führungskräfte und Veränderungsbegleiter interne Bedingungen schaffen können, die das angstfreie Zugehen auf die zukünftigen Möglichkeiten im schöpferischen Lernen begünstigen: Eine attraktive Zukunftsvision, Beteiligung der Lernenden am Prozess, ein Klima der Unterstützung und Ermutigung, Übungsfelder in sicherer Lernumgebung, klare Zielrichtung und erste Schritte, Gruppen-Settings für das Lernen, Angebot von Rollenmodellen, positive Fehlerkultur, Anpassung von Prozessen und Strukturen an die neuen Denk- und Handlungsmuster (Schein, 2003, S. 6-9).

2.6.7 Handlungsmodi: Sieben Grundhaltungen

Die Veränderung der inneren Haltung beschreibt Scharmer (2009a, 2009b, jeweils Kapitel 8 bis 14) anhand der sieben Schritte zur Verschiebung der Feldstrukturen der Aufmerksamkeit: *Downloading – Seeing – Sensing – Presencing – Crystallizing – Prototyping – Performing*. Diese Schritte sind zwar jeweils Aktivitäten, die aber einen Zustand, eine Haltung kennzeichnen, so dass dieses Konzept sowohl *Erklärungsmodell* als auch *Handlungsanleitung* bereitstellt.

Aus der Haltung des Herunterladens (*Downloading*) oben links (siehe oben Abbildung 2) heraus folgt die Bewegung dem linken Schenkel des U nach unten über das *Seeing* (Sehen) und *Sensing* (Einfühlendes Sehen) zum *Presencing*, der Verbindung mit dem ursprünglichen Geist, am tiefsten Punkt des U. An diesem Wendepunkt geht die Bewegung des Loslassens in die Bewegung des Aufbauens und Gestaltens über. Entlang dem rechten Schenkel des U nach oben wird über die Schritte des Verdichtens (*Crystallizing*) und des Erprobens (*Prototyping*) die Haltung des *Performing*, des Agierens von den zukünftigen Möglichkeiten her, erreicht.

Im Folgenden werden die sieben Schritte des U-Prozesses im Einzelnen beschrieben:

- *Downloading*/Herunterladen. Im Bewusstseinszustand des *Downloading* ist das Bewusstsein des individuellen oder sozialen Systems auf den engen Spielraum der Muster der Vergangenheit beschränkt, die es immer wieder unverändert ausführt. Die Aufmerksamkeit und das Handeln werden aus der Mitte der eigenen Organisation heraus gesteuert und durch die eng gezogene Grenze zum umgebenden Feld in ihrem Wirken eingeschränkt. Wahrnehmung ist an den Konstrukten des Beobachten-

den orientiert. Innen und Außen sind durch eine geschlossene Grenze voneinander getrennt.
- *Seeing*/Hinsehen. Im Zustand des Sehens bewegt sich die Aufmerksamkeit an den Rand des eignen Systems. Durch Innehalten gelingt dem Selbst ein umfassendes Wahrnehmen dessen, was ist. Die Aufmerksamkeit nimmt die Qualität eines gegenständlich-unterscheidenden Zuhörens an. Unvoreingenommenes Staunen tritt an die Stelle der vorgefertigten Urteile des kritischen, abwertenden Geistes.
- *Sensing*/Hinspüren. Beim einfühlsamen Sehen wird die Aufmerksamkeit umgelenkt und dem Beobachtenden wird ein Wahrnehmen aus anderen Perspektiven als seiner eigenen möglich. Durch empathisches Zuhören wird das Fühlen in die Wahrnehmung mit einbezogen. Im sozialen Feld entsteht eine Grundstimmung des Füreinandersorgenwollens.
- *Presencing*/Sich-mit-dem-ursprünglichen-Geist-verbinden. Im *Presencing* gelingt dem Beobachtenden die Verbindung zur tiefsten Quelle seines inneren Wissens. Mit dem zukunftsöffnenden oder schöpferischen Hinhören wird die Aufmerksamkeit über die bisher gewohnten eigenen Grenzen hinaus ausgedehnt und gleichzeitig im gesamten umgebenden Feld verteilt. Der Fokus schwenkt von der Vergangenheit (loslassen, *letting go*) zur Zukunft (kommen lassen, *letting come*).
- *Crystallizing*/Verdichten. Beim Verdichten wird dem zukünftigen Ganzen, das sich zeigen will, der Weg bereitet. Dies geschieht durch das Klären der Absicht, die umgesetzt werden soll, sowie der Vorstellung von der konkreten Form des beabsichtigten (Veränderungs)Ergebnisses. Entscheidend ist, dass die entstehende Gestalt nicht allein kognitiv geformt wird, sondern als gutes, stimmiges Gefühl erkannt wird. Im sozialen Verbund wird auf diese Weise eine gemeinsame Zielorientierung möglich. Aus den Beiträgen aller Beteiligten entsteht ein gemeinsames emergentes Feld – eine nährende Qualität, die über die Summe der Einzelbeiträge hinausgeht.
- *Prototyping*/Erproben. Beim *Prototyping* wird dem Neuen konkrete Gestalt gegeben. In beherzten Versuch-und-Irrtum-Schlaufen wird die Zukunftstauglichkeit des Neuen erprobt. Gefragt ist die Ausübung der Verbindung von Kopf, Herz und Hand. Die Aufmerksamkeit dehnt sich bei immer durchlässiger werdender Grenze nach innen und nach außen aus.
- *Performing*/In-die-Welt-bringen, In-die-Tat-umsetzen. Mit dem *Performing* wird das Neue in die Welt gebracht, die angestrebte Form wird in die Tat umgesetzt. In dieser Phase ist das Bewusstsein auf die zu-

künftigen Möglichkeiten ausgerichtet und kann auf diese Weise sein Potenzial schöpferisch entfalten. Die Grenze zwischen Innen und Außen ist aufgelöst. Die Aufmerksamkeit ist überall ausgebreitet, im Innen wie im Außen, und gleichzeitig klar ausgerichtet auf die Zukunft – ein paradoxer Zustand der Gleichzeitigkeit von höchster Unschärfe (Rauschen) und genauestem Fokus (bedeutsame Leitunterscheidung).

2.6.8 Umschlagpunkte: Sechs Übergänge

Als *Handlungsanweisung* für die Intervention dient die Beschreibung der Aktivitäten, welche die Individuen oder sozialen Systeme beim Durchlaufen des U-Prozesses auszuführen haben, um die jeweilige innere Haltung zu erreichen. Scharmer beschreibt mit diesen Aktivitäten die Umschlagpunkte (*inflection points*) zwischen den sieben Grundhaltungen. Das Hinsehen (*Seeing*) braucht Innehalten (*Suspending*), das Hinspüren (*Sensing*) braucht einen Richtungswechsel (*Redirecting*). Loslassen (*Letting go*) ist Voraussetzung für das *Presencing*, um nach der Verbindung mit der tiefsten Quelle das Neue zulassen zu können (*Letting come*). Zum Verdichten (*Crystallizing*) ist das Hervorbringen (*Enacting*) die Voraussetzung, während beim *Prototyping* ein Verkörpern (*Embodying*) stattfindet.

2.6.9 Fünf Grundbewegungen gemeinschaftlicher Veränderung

In nochmals anderer Begrifflichkeit, die die Notwendigkeit des gemeinsamen U-Prozesses in einem sozialen Feld (für eine nachhaltige Veränderung im Team oder in der Organisation) hervorhebt, werden auf der Ebene der *Handlungsanleitung* die einzelnen Schritte des Prozesses in fünf sozialen Grundbewegungen gebündelt: *Co-Initiating, Co-Sensing, Co-Presencing, Co-Creating, Co-Evolving*. Die erste Bewegung im Prozess ist ein gemeinsames Anstossen (*Co-Inititating*), gefolgt vom gemeinsamen Sich-einlassen auf den Prozess. Die Phasen entlang des linken Schenkels des U nach unten (*Seeing* und *Sensing*) können als gemeinsamer Sensemaking-Prozess aufgefasst werden (*Co-Sensing*), durch den der Grund für den anschließenden Aufbau- oder Schaffensprozess gelegt wird. Die Phasen entlang des rechten U-Schenkel nach oben (*Crystallizing* und *Prototyping*) entsprechen einem gemeinsamen schöpferischen Prozess (*Co-Creating*). In der abschließenden Bewegung des *Co-Evolving* agiert das soziale Feld aus einem gereiften Bewusstsein für die Gemeinschaftlichkeit heraus. Eine besondere Bedeutung kommt dem *Co-Presencing* in der Talsohle des U als

2.6 Gegenstand Theorie U

Wendepunkt der gesamten Entwicklung zu, da hier die kollektive Absicht für den gemeinsamen schöpferischen Prozess gefasst wird. Alle Co-...-Subprozesse der Theorie U lassen sich der sozialen Dimension nach Luhmann zuordnen. Die Co-Schritte (*Co-Initiating*, *Co-Sensing*, *Co-Presencing*, *Co-Creating* und *Co-Evolving*) differenzieren verschiedene Qualitäten der sozialen Dimension aus.

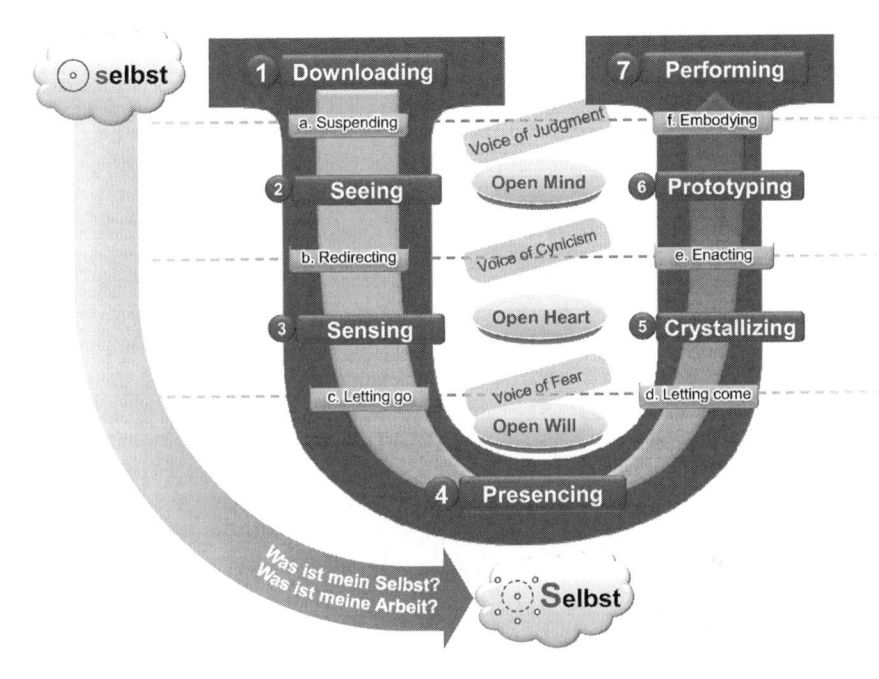

Abbildung 5: Entwicklungsziel im U-Prozess (nach Scharmer, 2009b)

Der Entwicklungsweg des U-Prozesses, ob individuell oder organisational, führt vom selbst zum Selbst. Mit der Unterscheidung von klein geschriebenem selbst und groß geschriebenen Selbst wird das Bewusstsein des Individuums oder des sozialen Systems zweigeteilt in einen Teil, der das Ergebnis der Entwicklung in der Vergangenheit ist (selbst, Ego), und einen Teil, der das noch nicht entfaltete Potenzial enthält, das höchste zukünftige Selbst. Selbst und selbst bezeichnen als Bewusstseinszustände die extremen Endpunkte eines Kontinuums. Im Übergang vom einen zum anderen verändert sich die Operationsweise beim Herangehen an das soziale Feld, indem Individuum und soziales System von einem anderen inneren Ort her ihre Entscheidungen und Handlungen gestalten.

Für die Ausrichtung auf die zukünftigen Möglichkeiten sind beim *Presencing*, in der Phase des Rückzugs und der Reflexion, zwei Fragen zu beantworten:

- Was ist mein Selbst?
- Was ist meine Arbeit?

Mit der Antwort auf diese beiden Fragen wird Selbsterkenntnis formuliert, die Kucklick (vgl. Kapitel 2.4 der vorliegenden Arbeit) neben Aktionsbereitschaft (Übung und Vorbereitung) als Voraussetzung für das Gelingen von magischen Momenten herausarbeitet. Mit Selbst ist das höchste zukünftige Selbst gemeint, im Unterschied zu dem Teil des Individuums, der dem Ego und der Vergangenheit verhaftet ist. Arbeit bezieht sich nicht auf die operative Tätigkeit der augenblicklichen Anstellung, sondern auf die Berufung. Die Frage zielt auf den individuellen Beitrag des Einzelnen zum Gedeihen des sozialen Felds sowie auf die Art der Tätigkeit mit der das Selbst in der Welt einen Unterschied markieren will.

2.7 Kontext III: Systemtheorie und systemische Organisationsberatung

Im folgenden Kapitel werden solche Begriffe und Konzepte aus der Systemtheorie sowie der systemischen Organisationsberatung erörtert, die für das Verständnis der untersuchten Theorie sowie für die Auswertung des empirischen Materials relevant sind.

Sämtliche interviewten Personen sind zum einen Organisationsberatende und deklarieren zum anderen die Theorie der systemischen Beratung als Fundament ihrer Vorgehensweise bei der Ausübung ihrer Tätigkeit. Ihre selbstreflexive Auseinandersetzung mit deklarierter Theoriegrundlage und eigener Praxis in eigenen Veröffentlichungen ist Teil des Diskurses um die Weiterentwicklung der Organisationsberatung über die Dichotomie von Fach- und Prozessberatung hinaus, wie sie von Kühl (2005) skizziert wird.

2.7.1 Systemische Beratung und Sinndimensionen nach Luhmann

Systemische Beratung unterscheidet sich von der zweckrational ausgerichteten Fach- oder Expertenberatung durch ihre Prozessausrichtung (Kühl, 2005). Im Gegensatz zu anderen Formen der Beratung (betriebswirtschaftliche Fachberatung, Organisationsentwicklung) betrachtet die systemische Beratung die von ihr beratenen Systeme nicht als offene Systeme, sondern geht von deren operationeller Geschlossenheit aus. Sie beruft sich damit auf das systemtheoretische Konzept der Autopoeisis. Autopoiesis bezeichnet die Eigenschaft von Systemen, sich selbst aus ihren Bestandteilen heraus immer wieder neu zu erschaffen. Das Konzept stammt aus der biologischen Systemtheorie (Maturana & Varela, 2010) und wurde von Luhmann in der soziologischen Systemtheorie weiter entwickelt (Luhmann, 1987a, 1987b). Luhmann geht von der Grundannahme aus, dass soziale Systeme nicht aus Personen (psychischen Systemen), sondern aus Kommunikationen bestehen. Zudem unterscheidet er psychische und soziale Systeme als Sinnkonstituierende Systeme von den biologisch-funktionalen organischen oder neurophysiologischen Systemen (Zellen, Nervensysteme etc.). Luhmann differenziert Sinn in drei Dimensionen aus: Sachdimension (Unterscheidung „dies" und „anderes"), Sozialdimension (Berücksichtigung des „alter Ego", Unterscheidung zwischen Ego/Selbst und „Seinesgleichen", zwischen Ego-Perspektive und einer oder mehrerer Alter-Perspektiven) und Zeitdimension, die einerseits auf der Unterscheidung von Vergangenheit, Gegenwart und Zukunft beruht und andererseits diese in komplexe Verhältnisse zueinander setzt. „Zeit ist demnach für Sinnsysteme die Interpretation der Realität im Hinblick auf eine Differenz von Vergangenheit und Zukunft." (Luhmann, 1987b, S. 116) Gegenwart wird erfahren als „Zeitspanne zwischen Vergangenheit und Zukunft, in der das Irreversibelwerden einer Veränderung sich ereignet" (Luhmann, 1987b, S. 117). Luhmann unterscheidet zwei Formen der Gegenwart, eine punktualisierte, die irreversible Veränderung als einen Zustand (etwas Abgeschlossenes) markiert (durch messbares Geschehen), und eine prozesshaft andauernde, sich in jedem Augenblick aktualisierende, die „die in allen Sinnsystemen realisierbare Reversibilität" (Luhmann, 1987b, S. 117) symbolisiert.

2.7.2 Sinnfindung durch Unterschiedsbildung

Beobachtungen sind Innen-Außen-Unterscheidungen, durch die die System-Umwelt-Beziehung Gestalt annimmt. Systeme (Einheiten) werden gegen ihre Umwelten abgegrenzt und durch Benennungen markiert (Simon, 2009, S. 55). Nach der Theorie von Spencer-Brown (1994) werden durch Beobachtung markierte Räume, Zustände, Inhalte als bedeutsame Informationen vom unmarkierten Rest, dem undifferenzierten Rauschen, abgegrenzt. Zu betrachten sind jeweils die Innenseite und die Außenseite einer Unterscheidung, da das gleiche System gegenüber verschiedenen Umwelten abgegrenzt werden kann. Markiert wird zudem die Beziehung zwischen markiertem System und Umwelt als Einschluss oder Ausschluss. Als strukturbildend kann auch eine Vorher-Nachher-Unterscheidung markiert werden (Ist-Soll-Zustand) (Simon, 2009). Werden die Bedeutsamkeit einer durch Unterscheidung entstandenen Umwelt oder der Prozess der Unterscheidung reflektiert (beobachtet und durch Sinnzuweisung von anderen möglichen Sinnzuweisungen unterschieden), wird das Ergebnis als Re-Entry[10] ins System wieder eingespeist. Ein Dreh- und Angelpunkt lässt sich demnach als eine neue Markierung von Innen und Außen (in der sachlichen Dimension) oder von Vorher und Nachher (in der zeitlichen Dimension) beschreiben. Daraus kann folgende Hypothese abgeleitet werden: An einem Dreh- und Angelpunkt in Veränderungsprozessen wird eine neue Leitunterscheidung in die alten Denkmuster eingefügt (Re-Entry), die das gesamte Mustergefüge und damit seine Wirkweisen verändert.

Grundvoraussetzung für das Finden neuer Muster ist nach Bateson das Sich-einlassen auf das Rauschen, in dem sich noch keine Unterscheidung von Information abgezeichnet hat. „Alles, was nicht Information, nicht Redundanz, nicht Form und nicht Einschränkung ist – ist Rauschen, die einzig mögliche Quelle *neuer* Muster." (Bateson, 1985, S. 529; Hervorhebung im Original) Eine mit Unsicherheit verbundene Phase des Wahrnehmens im Modus der Unschärfe geht der Fokussierung auf ein neues Muster voraus, das als bedeutsam für die Herstellung von Sicherheit durch Sinngebung erachtet wird. Für Luhmann bestimmt die immer wieder zu treffende Unterscheidung zwischen Ordnung und Störung, Information und Rauschen den „Prozess der laufenden Selbstbestimmung von Sinn" (Luhmann, 1987b, S. 122).

2.7.3 *Strukturelle Kopplung*

Jedes System und seine jeweilige Umwelt sind strukturell gekoppelt und entwickeln sich gemeinsam in einem ko-evolutionären Prozess weiter. In der Beratungssituation treffen zwei soziale Systeme, das Klientensystem (KS) und das Beratersystem (BS), auf einander. Das eine wird zur relevanten Umwelt für das andere und umgekehrt. Sie kommunizieren miteinander und bilden auf diese Weise gemeinsam ein drittes System, das Beratungssystem (Berater-Klienten-System, BKS) (vgl. Königswieser & Hillebrand, 2011, S. 36ff). Über die Kommunikationen, die innerhalb des Beratungssystems stattfinden, wirken Berater- und Klientensystem wechselseitig aufeinander ein: Durch wechselseitige Irritationen lösen sie Veränderungen in ihren relevanten System-Umwelt-Beziehungen

---

10 Der Begriff Re-Entry stammt aus der mathematischen Formenlehre von Spencer-Brown (1994) und wird insbesondere in der systemischen Organisationstheorie zur Beschreibung von Rückkopplungsprozessen angewandt (vgl. Simon, 2009).

aus, die im Klientensystem zur Problem-Lösung beitragen sollen (Seidl & van Aaken, 2007).

2.7.4 Zirkularität und systemische Organisationstheorien

Die autopoietische Fähigkeit von Systemen besteht aufgrund der Beziehungen der Teile, die das System ausmachen, zueinander. Damit sind autopoietische Systeme selbstreferenzielle Systeme. Sie zeichnen sich aus durch Zirkularität. „Bei Prozessen, in denen die ‚Wirkungen' auf die ‚Ursachen' zurückwirken und so aus den ‚Ursachen' wieder ‚Folgen' werden und umgekehrt, spricht man von zirkulären Prozessen[11]... Jedes Verhalten jedes Beteiligten ist gleichzeitig Ursache und Wirkung des Verhaltens der anderen Beteiligten" (Schmidt, 2011, S. 53). Als weiteres Beispiel für einen zirkulären Teilprozess in der Beratung (wie in anderen Handlungsfeldern) nennen Königswieser und Hillebrand die schrittweise Ausbildung und Weiterentwicklung der professionellen Haltung: „Haltung steuert unsere Denk-und Verhaltensweisen, liegt ihnen zugrunde, ist aber auch wieder ihr Ergebnis." (Königswieser & Hillebrand, 2011, S. 39) Haltung bringen sie dabei in Verbindung mit „Identität, Charakter, Einstellung, Wahrnehmungsweisen und Wirklichkeitskonstruktionen" (S. 39). Das ebenfalls zirkuläre Prozessmodell der systemischen Schleife (Königswieser & Hillebrand, 2011, S. 46f) besteht aus vier Schritten: Informationen sammeln, Hypothesen bilden, Interventionen planen, Intervenieren. In selbstähnlicher Form wird die gleiche Schleife in jedem einzelnen Schritt durchlaufen: Beim Informationen sammeln werden Informationen gesammelt über das Informationensammeln, Hypothesen gebildet über das Informationensammeln, Interventionen geplant für das Informationensammeln und umgesetzt. Auch der Prozess des Organisierens nach Weick (1985) verläuft in einer sich wiederholenden oder rückbezüglichen Schlaufe: Die erreichte Entwicklungsstufe wird zum Ausgangspunkt für den nächsten Entwicklungszyklus oder schließt einen Kreis zu einer früheren Phase des Prozesses. Weick beschreibt den Prozess des Organisierens von Wirtschaftsunternehmen analog zur biologischen Evolutionstheorie: Gestaltung (Variation), Selektion, Retention. In der Phase des ökologischen Wandels nimmt mit der vielfältigen Gestaltung von Vorlagen die Variation zu (Komplexitätserhöhung); in der Selektionsphase wird durch die Anwendung von Strukturen die Mehrdeutigkeit der gestalteten Vorlagen verringert (Komplexitätsreduktion), in der Retentionsphase wird eine für die Bewältigung der Umweltherausforderungen als sinnvoll erachtete gestaltete Umwelt (die Organisation) genutzt und gepflegt (Stabilisierung).

---

11   Vgl. auch Bateson 1987, S. 77-80 und S. 128-137. (Fußnote im Original)

Die Schritte der systemischen Beratungsschleife nach Königswieser und Hillebrand (2011) sowie vom Prozess des Organisierens nach Weick (1985) lassen sich den in Kapitel 2.6.2 der vorliegenden Arbeit beschriebenen drei Phasen des U-Prozesses zuordnen:

Tabelle 2: Systemische Schleife, Prozess des Organisierens und Phasen im U-Prozess

Arbeitsschritte der systemischen Schleife	Phasen im U-Prozess	Phasen des Organisations-prozesses nach Weick	Umgang mit Komplexität
1. Informationen sammeln	Beobachten	Ökologischer Wandel und Gestaltung	Komplexitäts-erhöhung
2. Hypothesen bilden 3. Interventionen planen	Rückzug und Reflexion	Selektion	Komplexitäts-reduktion
4. Intervenieren	Handeln	Retention: Gestaltete Umwelt	Stabilisierung

Ein weiteres Modell der Organisationsentwicklung in reflexiven und zirkulären Schlaufen ist bei Glasl und Lievegoed (2004) zu finden. Ihr Modell der dynamischen Unternehmensentwicklung ist bereits vor den Modellen der systemischen Organisationsberatung entstanden[12] und gründet auf dem anthroposophischen Menschenbild Rudolf Steiners. Glasl und Lievegoed (2004) definieren vier Phasen der Unternehmensentwicklung, die durch jeweils unterschiedliche Kernaufgaben und Randprobleme gekennzeichnet sind: 1. Pionierphase, 2. Differenzierungsphase, 3. Integrationsphase, 4. Assoziationsphase (Glasl & Lievegoed, 2004, S. 49-53). Bei zu langer Ausdehnung einer Phase dieses gleichsam natürlichen Entwicklungsprozesses gerät die Organisation in eine Entwicklungskrise, die ihre Auseinandersetzung mit den jeweiligen Randproblemen der einzelnen Phasen (Systemtransparenz, menschliche Beziehungen, Umweltprobleme, Machtblöcke) unumgänglich macht. Bewältigte Entwicklungskrisen führen zum Übergang (Change-Prozess) in die nächste Phase. Die Phasen der dynamischen Unternehmensentwicklung nach Glasl und Lievegoed (2004) finden ihre Entsprechung in den vier Grundbewegungen gemeinschaftlicher Veränderung nach der Theorie U (vgl. Kapitel 2.6.9). In der Entwicklungskrise wird das *Downloading* in Frage gestellt: Die Orientierung an Mustern der Vergangenheit macht

---

[12] Lievegoed entwickelte zu Beginn der 1960er-Jahre aus seiner anthroposophischen Grundhaltung heraus einen eigenen systemtheoretischen Ansatz, mit dem er sich einerseits von den damaligen Systemtheoretikern unterschied, andererseits aber Konzepte der späteren systemischen Organisationsberatung vorwegnahm.

keinen Sinn mehr. Die Auseinandersetzung mit den zukünftigen Möglichkeiten (Kernaufgaben) der jeweiligen Phasen führt zur Sinnstiftung durch *Co-Initiating* in der Pionierphase, *Co-Sensing* in der Differenzierungsphase, *Co-Presencing* in der Integrationsphase und *Co-Creating* in der Assoziationsphase.

2.7.5 Selbstreferenzialität und Selbstähnlichkeit

Die Selbstähnlichkeit von komplexen Systemen ist ein weiterer für den Erklärungszusammenhang der vorliegenden Arbeit bedeutsamer Aspekt der Selbstreferenzialität. Selbstähnlichkeit bedeutet „die Invarianz gewisser Strukturen im Raum oder in der Zeit gegenüber bestimmten Maßstabsinformationen; gleichbedeutend mit der Eigenschaft, dass bei einer Vergrösserung ein Teil der betrachteten Struktur in das ursprüngliche Ganze und bei einer Verkleinerung das Ganze in einen seiner ursprünglichen Teile übergeht" (Brockhaus, 1997, S. 19, Band 20). Kleinere und größere Teile eines Ganzen sind bei Vorliegen von Selbstähnlichkeit nach dem immer gleichen Muster aufgebaut. Die Struktur des Gesamtsystems spiegelt sich in der Struktur ihrer einzelnen Elemente wider.[13] Selbstähnlichkeit in Bezug auf die Organisationskultur bedeutet, dass die grundlegenden Annahmen der einzelnen Organisationsmitglieder die grundlegenden Annahmen der Organisation widerspiegeln und umgekehrt. In einem zirkulären Prozess wirken sich Veränderungen des jeweils einen auf das jeweils andere aus und umgekehrt. Bezogen auf den Prozess des Organisationalen Lernens nach der Theorie U würde sich die Operationsweise und mit ihr die Feldstruktur der Aufmerksamkeit im sozialen Feld der gesamten Organisation günstig beeinflussen lassen, indem die einzelnen Mitglieder einen entsprechenden Veränderungsprozess durchlaufen.

Zirkuläres Geschehen ist oft paradox, wie Königswieser und Hillebrand am Beispiel der Vertrauensbildung im Beratungsprozess aufzeigen: „Vertrauen ist die Voraussetzung für qualitative Feedbackprozesse, gleichzeitig ist Vertrauen aber auch die Folge davon." (Königswieser & Hillebrand, 2011, S. 51)

Wie Zirkler (2003, S. 160) bemerkt, hat die Wirksamkeit der magischen Aspekte Glauben und Vertrauen in der Beratung mit der Tatsache zu tun, dass im Beratungssystem mit Beratersystem und Klientensystem jeweils nicht-triviale Maschinen (Foerster, 1999b) aufeinandertreffen. Die Operationen nicht-trivialer Maschinen hängen von ihren sich verändernden inneren Zuständen ab. Ihre

---

13   Das Konzept geht auf mathematische Modelle aus der fraktalen Geometrie zurück (wie etwa die Koch-Kurve oder Kochsche Schneeflocke). In der Synergetik werden solche Modelle zur quantitativen Untersuchung der Selbstorganisationsprozesse in komplexen dynamischen Systemen eingesetzt (Strunk, Haken, & Schiepek, 2006).

Funktionsweise ist analytisch nicht bestimmbar, und die Ergebnisse ihrer Operationen sind nicht vorhersagbar. Im Gegensatz dazu haben triviale Maschinen eine lineare Operationslogik, die analytisch bestimmbar ist und deren Ergebnisse voraussagbar sind. Der dritte Unterschied besteht darin, dass triviale Maschinen vergangenheitsunabhängig sind, nicht-triviale Maschinen dagegen vergangenheitsabhängig. Vorangegangene Operationen verändern bei nicht-trivialen Maschinen den inneren Zustand (oder, wenn von Menschen die Rede ist: die innere Haltung), die ihrerseits die Ergebnisse der folgenden (zukünftigen) Operationen auf nicht vorausberechenbare Weise beeinflusst (Foerster, 2010).

2.7.6 Konstruktivistische Beobachtungstheorie: Kybernetik 1., 2. und 3. Ordnung

Im Zusammenhang mit der Selbstreferenz sozialer Systeme steht die „Entdeckung des Beobachters" (Baecker, 1996, S. 17). Sie beruht auf der Annahme, dass es nichts Beobachtetes ohne einen Beobachter geben kann. Damit entsteht eine erkenntnistheoretische Gegenposition zur Haltung der traditionellen westlichen Wissenschaften, die ihrerseits postuliert, dass Aussagen über beobachtete (im Experiment untersuchte) Gegenstände gemacht werden können, die unbeeinflusst sind vom Beobachter (Experimentleiter) und seinen jeweiligen Bedingungen.

Der Begriff Kybernetik ist abgeleitet vom griechischen Wort für „Steuermann" und wurde von Wiener eingeführt als Bezeichnung für „die Erforschung der Steuerung und Regelung des Verhaltens von Systemen, die von ihrer Umwelt und vom Beobachter isoliert sind" (Simon, 2006, S. 41). Im Unterschied zu dieser Kybernetik erster Ordnung untersucht die Kybernetik zweiter Ordnung einen erweiterten Systemzusammenhang, der aus beobachtetem System und dem Beobachter besteht. „In der Kybernetik zweiter Ordnung geht es um die Beobachtung von Beobachtern, um die Beobachtung beobachtender Systeme." (Baecker, 1996, S. 18) Entsprechend befasst sich die Beobachtung erster Ordnung mit der „Beobachtung eines Gegenstands", während die Beobachtung zweiter Ordnung in der „Beobachtung der Beobachtung dieses Gegenstandes" besteht (Simon, 2006, S 42).

In der Kybernetik 3. Ordnung wird der Systemzusammenhang um eine höhere Dimension erweitert. Luhmann spricht in Zusammenhang mit der Beschreibung und Erklärung von sozialen Sinnstiftungsprozessen von Emergenz (Luhmann, 2001). Der Fokus der Beobachtung liegt auf der Sinndimension (Luhmann, 1987b). Betrachtet werden emergente Phänomene und sinnstiftende Einflüsse im System, letzten Endes auf der Suche nach einem Existenzzweck,

2.7 Kontext III: Systemtheorie und systemische Organisationsberatung

der über die reine Selbsterhaltung und Selbstreproduktion des Systems hinausweist. Emergente Merkmale lassen sich nicht aus den Eigenschaften der Systemelemente erklären und können je nach Kontext mit einem höheren, über das gegenwärtig Verstehbare hinausweisenden Sinn in Verbindung stehen. Die entsprechenden Wahrnehmungs- und Erfahrungsqualitäten sind sprachlich schwer zu fassen. Neben kognitiven und emotionalen werden dazu ästhetische und spirituelle Kategorien herangezogen.

Nachdem zum Abschluss des Theorieteils Bezüge von Systemtheorie sowie systemischer Organisationsberatung zur Theorie U sowie zum empirischen Feld der vorliegenden Arbeit aufgezeigt wurden, wird im nachfolgenden methodischen Teil das methodische Vorgehen bei der empirischen Untersuchung erläutert.

3 Methodischer Teil

Die vorliegende Arbeit ist eine explorative Studie. Sie erkundet ihren Untersuchungsgegenstand durch „das mehr oder weniger systematische Sammeln von Informationen, das die Formulierung von Hypothesen und Theorien vorbereitet" (Bortz & Döring, 2006, S. 354). Sie folgt einem qualitativen Forschungsansatz, der seinen Gegenstand nicht als Ausschnitt einer objektiv vorhandenen und in ganz bestimmter Weise beschreibbaren Wirklichkeit betrachtet. Die Untersuchung folgt nicht der „Logik quantitativer Verfahren mit dem Ziel einer numerischen Verallgemeinerung", sondern einer „Logik des Entdeckens" oder „des Verallgemeinerns am Einzelfall" (Rosenthal, 2008, S. 13), die zu einer dichten Beschreibung (nach Geertz, 1983)[14] eines interessierenden Bereichs aus der Alltagswelt, im vorliegenden Fall aus der Welt der Veränderungsbegleitung, führt.

Die Forscherin nutzt das konstruktivistische Denkmodell, um das Geschehen in einem Veränderungsprozess (als Teil eines organisationalen Geschehens) aus Sicht der Veränderungsbegleitenden (als daran beteiligter handelnder Subjekte) zu rekonstruieren (Kühl, Strodtholz, & Taffertshofer (Hrsg.), 2009). Bei dieser Rekonstruktion von Wirkungszusammenhängen (Rosenthal, 2008) setzt sie einen subjektiven Schwerpunkt, indem sie darin einem bestehenden theoretischen Modell nachspürt. Die neu gebildeten Kategorien und Modelle werden in einen kritischen Sinnzusammenhang mit bestehenden Konzepten gebracht. Einem Ansatz von Zirkler (2011) folgend, werden in diesem Aneignungsprozess verschiedene Kontexte miteinander in produktive Relation gebracht, um *surplus meaning* zu generieren: das geschilderte Geschehen, der Austausch in der Interviewsituation, der theoretische Bezugsrahmen. „Es geht dabei nicht nur um die Perspektiven und die Wissensbestände der Akteure, die ihnen bewusst zugänglich sind, sondern auch um die Analyse des impliziten Wissens und die jenseits ihrer Intentionen liegende interaktive Erzeugung von Bedeutungen." (Rosenthal, 2008, S. 15)

---

14 Verdichtung der Beschreibung nach Geertz (1983) wird außer durch eine große Anzahl von Fällen durch die genaue Erfassung der Kontextdeterminiertheit jedes Einzelfalls erreicht.

Der gesamte Datenerhebungs- und Auswertungsprozess wird in den nachfolgenden Kapiteln detailliert dokumentiert. Denn: „Aufgrund ihres gegenstands- und kontextabhängigen Charakters entzieht sich die qualitative Forschung einer Beurteilung nach den klassischen Kriterien der quantitativ-hypothetischen Wissenschaft." (Kühl, Strodtholz, & Taffertshofer (Hrsg.), 2009, S. 19) Statt der klassischen Gütekriterien von Validität, Reliabilität und Repräsentativität werden daher plausible, nachvollziehbare Erklärungen des methodischen Vorgehens herangezogen, um dem untersuchten Feld (Gegenstand und Kontext) möglichst weitgehend gerecht zu werden.

Durch den kooperativen Prozess von Beschreibung und Erklärung wird eine qualitative Varianzaufklärung angestrebt hinsichtlich der Bedingungen, die Kippmomente in Veränderungsprozessen ermöglichen oder begünstigen, und ihrer Wirkweisen. Varianzaufklärung ist in der quantitativen Forschung ein Maß dafür, inwieweit ein mathematisches Modell die Streuung (Varianz) eines empirischen Datensatzes erklären kann (Wikipedia, Zugriff am 15. November 2012; http://de.wikipedia.org/wiki/Varianzaufklärung), das bei der statistischen Auswertung von Daten angewandt wird. In der vorliegenden qualitativen Forschungsarbeit wird der Varianzaufklärung statt eines mathematischen Modells ein hermeneutisches zugrunde gelegt. Zudem wird hier noch stärker die Frage nach dem Subjekt der Aufklärung gestellt – wer in welcher Form am Aufklärungsprozess beteiligt ist. Betrachtet wird, inwieweit die subjektiven Beobachtungen und Interventionen teilnehmender Beobachter zur Erklärung sowohl des Phänomens Kippmomente in Veränderungsprozessen als auch der Unterschiede im Kontext bei ihrem Zustandekommen beitragen können.

3.1 Forschungsdesign

Ein Ziel dieser Forschungsarbeit ist die Herausarbeitung handlungsleitender, im Gebrauch angewandter Theorie (*theories in use*). In ihrem interpretativen Ansatz werden sowohl für die Erhebung als auch für die Auswertung der Daten Verfahren gewählt, die einen hohen Grad an Offenheit ermöglichen: Narrative Interviews und *Grounded Theory Methodology* oder GTM (nach Corbin und Strauss, 2008).

Die erhobenen Daten werden in einem mehrstufigen Prozess in eine dichte Beschreibung (Geertz, 1983) überführt. Statt reiner Deskription eines bestimmten Handelns und seines Kontexts wird „Nachvollzug des subjektiv gemeinten und Rekonstruktion des latenten Sinns" (Rosenthal, 2008, S. 19) angestrebt. Dazu werden in einem weiteren Schritt induktiv empirisch begründete Hypothesen gebildet (Rosenthal, 2009, S. 25) im Hinblick auf eine gegenstandsbezogene Theorieentwicklung. Die Gestaltung des Forschungsprozesses orientiert sich an den typischen Merkmalen der Schritte zur Erhebung und Aufarbeitung qualitativer Daten (Rosenthal, 2008, S. 85):

- „Offene Forschungsfrage mit Möglichkeiten zur Modifikation
- Aufhebung der Phasentrennung von Datenerhebung und -auswertung
- Hypothesenbildung im Verlauf des gesamten Forschungsprozesses
- Schrittweise Entwicklung der Stichprobe im Verlauf der Forschung"

Der im Folgenden beschriebene Forschungsprozess zeigt einzig beim letzten Merkmal eine Abweichung. Die Stichprobe wurde zu Beginn der Datenerhebung festgelegt. Im Gegensatz dazu wird nach der GTM mit einem *theoretical sampling* gearbeitet, was mit „theoriegeleiteter Erhebungsauswahl" (Muckel, 2011, S. 337) übersetzt werden kann. Das bedeutet, dass weitere Interviewpartner gezielt so ausgewählt werden, dass ihre Beiträge das Datenmaterial entsprechend den ersten Auswertungsergebnissen sinnvoll ergänzen. Dabei werden sowohl ähnliche als auch gegensätzliche Fälle aufgenommen, um die sich im Verlauf des Auswertungsprozesses herausbildenden theoretischen Aussagen zu stützen und weiter zu entwickeln. Mit der Auswahl der Interviewpartnerin und der Interviewpartner für die vorliegende Untersuchung ist aufgrund ihres ähnlichen theoretischen und praktischen Hintergrunds eine von vornherein sehr homogene Stichprobe entstanden (siehe weiter unten Kapitel 3.2.1).

Mit dem *theoretical sampling* ist die theoretische Sättigung (*theoretical saturation*) verbunden. Je mehr Datenmaterial aus ähnlichen Fällen codiert wird, umso weniger neue Codes entstehen. Sobald neu hinzu kommendes Material ausschließlich mit bereits bestehenden Codes erfasst werden kann, ist vollständige theoretische Sättigung erreicht. Weiteres Material sollte in Bezug auf die im Entstehen begriffene Theorie keine zusätzlichen Erkenntnisse mehr bringen. Wie viele Interviews erforderlich sind, um theoretische Sättigung zu erreichen, hängt stark vom Untersuchungsgegenstand ab und kann im Vorhinein nicht festgelegt werden. Mit den im Rahmen einer Qualifizierungsarbeit bearbeitbaren Datenmengen ist theoretische Sättigung nach Einschätzung von Experten kaum erreichbar (Corbin & Strauss, 2008). Die anhand der Ergebnisse der vorliegenden Arbeit entwickelten Hypothesen und Theorien beziehen sich entsprechend auf den engen Kreis der bearbeiteten Einzelfälle und wären anhand größerer Datenmengen zu überprüfen.

3.2 Forschungsprozess

3.2.1 Stichprobe

Insgesamt wurden sechs narrative Interviews durchgeführt. Bei der Interviewpartnerin und den fünf Interviewpartnern handelt es sich um praxiserfahrene Organisationsberatungspersonen. Der Kontakt kam per E-Mail oder persönliche Ansprache jeweils auf Initiative der Forscherin zustande und wurde teilweise durch die Vermittlung des Referenten unterstützt. Das Alter der Befragten liegt zwischen 38 und 67 Jahren. Vier von ihnen machten Angaben über ihre Berufserfahrung, die zwischen 10 und 40 Jahren liegt. Fünf von ihnen sind zudem in der Lehre tätig; sie vermitteln ihr Theorie- und Praxiswissen an Studierende in der Grundausbildung (im Schwerpunkt Arbeits- und Organisationspsychologie im Studium der Angewandten Psychologie) sowie in der Weiterbildung. Auch befassen sich alle mit der Entwicklung eigener Theorien und der Weiterentwicklung von Grundlagentheorien für die Praxis der Beratung im Allgemeinen und der Organisationsberatung im Besonderen. Drei von ihnen haben dazu jeweils mehrere Grundlagenwerke verfasst. Alle Interviewpartner ließen einen hohen Selbstreflexionsgrad erkennen. Das Datenmaterial weist eine homogene sprachliche Qualität auf.

3.2.2 Entwicklung Interviewskript und Vorgehensweise im Interview

„Das narrative Interview zielt auf die Hervorlockung und Aufrechterhaltung von längeren Erzählungen oder […] autonom gestalteten Präsentationen einer bestimmen Thematik." (Rosenthal, 2008, S. 137) Um die interviewten Personen zu einer möglichst eigenständigen Darstellung ihrer Erfahrungen anzuregen (vgl. Rosenthal, 2008, S. 137), werden sie im ersten Teil offen zum freien Erzählen aufgefordert. Kommt der Erzählfluss in Gang, verzichtet die Forscherin zunächst gänzlich auf Interventionen. Erst wenn sich ein zusammenhängender Sachverhalt bereits abzeichnet, stellt sie im zweiten Teil Verständnis- oder Vertiefungsfragen zu den bereits angesprochenen Themen. Im dritten Teil kann sie zu weiteren Ausführungen anregen, indem sie Themen ins Spiel bringt, die nicht angesprochen wurden, die sie jedoch im Rahmen ihrer Forschungsfrage interessieren (Rosenthal, 2008). Für die Datenerhebung der vorliegenden Arbeit wurden die Interviewpartnerin und die Interviewpartner aufgefordert, sich einen aus ihrer Sicht gelungenen Veränderungsprozess in Erinnerung zu rufen, den sie als Beratungspersonen begleitet hatten. Die Forscherin teilte ihnen ihre Vorannahme mit, dass in gelingenden Veränderungsprozessen Dreh- und Angelpunkte auszumachen sind, an denen sich etwas Entscheidendes verändert, was einen beobachtbaren Unterschied zwischen Vorher und Nachher zur Folge hat. Die Interviewten sollten beschreiben, welche Beobachtungen sie im geschilderten Prozess rund um einen solchen Dreh- und Angelpunkt machen konnten, welche Interventionen sie einsetzten und welche Hypothesen sie haben über das, was gewirkt hat. Die drei Begriffe „Beobachtungen", „Interventionen", „Hypothesen über Wirkungen" wurden von der Interviewerin auf Metaplankarten geschrieben und als Erinnerungshilfe auf dem Tisch platziert. Zu den Bereichen Beobachtungen und Interventionen hatte sie im Interviewskript Anschlussfragen zur Vertiefung vorbereitet. Im dritten Teil sind bei den Anschlussfragen zu den vermuteten Wirkungen der Interventionen Fragen in Bezug auf Analogien zur Theorie U von Scharmer (2009a, 2009b) enthalten, jedoch in einem Ausmaß, das das Prinzip der Offenheit (Verzicht auf theorie- oder hypothesengeleitete Datenerhebung) nicht grundlegend gefährdet. Der Einsatz der vorbereiteten Anschluss- oder Vertiefungsfragen variierte stark von Interview zu Interview. Zusätzlich ergaben sich weitere Fragen zu nicht vorab reflektierten Ansätzen jeweils im Gesprächsverlauf. Mit zunehmender Anzahl der Interviews nahmen die Anschlussfragen der Interviewerin mehr und mehr Bezug auf Aussagen aus früheren, bereits teilweise ausgewerteten Interviews. Auch gingen die Interviews im zweiten und dritten Teil phasenweise in Diskussionen über. Durch Nachfragen und Paraphrasieren des Gehörten sorgte die Interviewerin zum einen für Präzisierungen der geschilderten Beobachtungen und machte zum anderen Interpretationsangebote, die von den Gesprächspartnern und der Gesprächspartnerin aufgegriffen oder verworfen werden konnten. Auf diese Weise wurden neue Inhalte oder Denkrichtungen ins Spiel gebracht. In allen Interviews überwog jedoch der Anteil freien Erzählens.

3.2.3 Durchführung der Interviews

Die Interviews wurden *face-to-face* jeweils in angenehmer Atmosphäre an verschiedenen Orten durchgeführt: In Unterrichtsräumen, einer Hotellobby, einem öffentlichen Restaurant, im Büro der Interviewerin. Die unvermeidbaren Hintergrundgeräusche in den halböffentlichen Räumen hatten keinen unmittelbar störenden Einfluss auf die Interviewdurchführung. Die Gespräche wurden jeweils digital aufgezeichnet. Fünf der insgesamt sechs Interviews dauerten zwischen 54 und 104 Minuten, ein Interview dauerte 13 Minuten.

3.2.4 Aufarbeitung und Auswertung der Daten

Die Interviews wurden anschließend wörtlich transkribiert, unter Anwendung der vereinfachten Transkriptionsregeln nach Dresing und Pehl (2011). Für die Auswertung des Datenmaterials wurden die methodischen Schritte der *Grounded Theory Methodology* oder GTM (Corbin & Strauss, 2008) zugrunde gelegt, die im Deutschen als gegenstandsbezogene Theoriebildung bezeichnet werden kann[15].

Nach Corbin und Strauss (2008, S. 64) besteht die Analyse qualitativer Daten in einem Sinngebungsprozess, bei dem ein möglicher Sinn aus den gegebenen Daten herausgearbeitet wird. Mit dieser Auswertungstechnik werden in systematischen Schritten Theorien entwickelt, die „in den Daten verankert (grounded)" (Bortz & Döring, 2006, S. 332) sind. Im Unterschied zur qualitativen Inhaltsanalyse wird in der GTM mit induktiver Konzept- und Theoriebildung bereits während der Datenerhebungsphase begonnen (Mayring, 2002). Im Ergebnis liegen statt deskriptiver Kategorien zur Zusammenfassung von als gleichartig erachteten Textstellen interpretierende Vernetzungen von Konzepten und daraus gewonnenen Kategorien, Kernkategorien und Theorien vor (vgl. Bortz & Döring, 2006, S. 332).

Die Datenauswertung im Rahmen der vorliegenden Arbeit folgt dem dreistufigen Codierungsprozess der GTM. Nach dem ersten Arbeitsschritt des offenen Codierens, das dem „Aufbrechen" des Materials durch „analytisches Herauspräparieren einzelner Phänomene und ihrer Eigenschaften" (Strübing, 2008, S. 20) dient, ist Ziel des axialen Codierens das „Erarbeiten eines phänomenbezogenen Zusammenhangmodells" (Strübing, 2008, S. 20). Beim axialen Codieren werden die Konzepte, wie die vorläufigen Kategorien im ersten Schritt des offenen Codierens genannt werden, mit ihrem jeweiligen Kontext vernetzt. Die zugehörigen Codes werden mit Hilfe des Codier-Paradigmas differenziert nach Bedingungen, Strategien/Taktiken, Interaktionen zwischen den Akteuren und Konsequenzen. Auf diese Weise werden die Konzepte und Kategorien im Sinne der dichten Beschreibung nach Geertz (1983) verdichtet (vgl. Muckel, 2011, S. 345). Mit Bezug auf die wenigen Kernkategorien – idealerweise ein oder zwei, die sich beim axialen Codieren herauskristallisiert haben – werden beim anschließenden selektiven Codieren die bisher erarbeiteten theoretischen Ansätze durch Re-Codieren und theoretische Schließung integriert (Strübing, 2008). Während des gesamten Erarbeitungsprozesses werden die Ansätze zu Interpretation und Theoriebildung in Memos schriftlich festgehalten. Memos dienen der Erklärung und Vernetzung von Codes und Kategorien sowie der Schritt für

---

15 Mayring (2002) und Rosenthal (2008) beschreiben mit dem Begriff „gegenstandsbezogene Theorie" jeweils das Ergebnis des Prozesses der GTM.

Schritt entstehenden Theoriebausteine; sie stellen die Nachvollziehbarkeit der Theorieentstehung sicher. Durch das strukturierte und systematische Durcharbeiten des Datenmaterials nach den geschilderten Regeln werden intuitive Deutungen vermieden (vgl. Bortz & Döring, 2006, S. 334). Teile der gefundenen Konzepte und Kategorien wurden zudem in einer kollegialen Intervisionsgruppe diskutiert (Erkunden eines möglichen interpersonalen Konsenses, Ansätze einer konsensuellen Validierung, vgl. Bortz & Döring, 2006, S. 334).

Der gesamte Auswertungsprozess für den empirischen Teil der vorliegenden Arbeit verlief zirkulär und rekursiv. Erste Auswertungsergebnisse hatten Auswirkungen auf Vertiefungsfragen bei nachfolgenden Interviews, Aussagen aus den Interviews führten zur Neubewertung theoretischer Überlegungen. Bereits im ersten Durchgang des Codierens entstand eine Mischform aus induktivem offenen Codieren und deduktivem Codieren: Beim offenen Codieren jedes neuen Interviews wurde auf Codes aus früheren Interviews zurückgegriffen, und für die Bezeichnung von Codes wurden aus der Theorie oder aus der Fragestellungsformulierung abgeleitete Begriffe verwendet (zum Beispiel: Phasen oder Grundhaltungen aus der Theory U, Sinndimensionen nach Luhmann, Interventionen in der systemischen Organisationsberatung).

Beschreibung nach der Philosophie der GTM geht über „'bloße' Verdopplung der unverstandenen Welt" (Strübing, 2008, S. 11) hinaus und wäre damit der an Kontextbezogenheit ausgerichteten dichten Beschreibung nach Geerts (1983) ähnlich. Nach Strübing gehen Corbin und Strauss aber noch weiter, indem sie „eine Integration des aus der Analyse eines fraglichen Phänomens neu entwickelten Wissens mit dem bereits verfügbaren Bestand an alltäglichem oder wissenschaftlichen Wissen" (Strübing, 2008, S. 51) anstreben.

Im nachfolgenden Kapitel, dem empirischen Teil der vorliegenden Forschungsarbeit, werden die nach dem beschriebenen Verfahren herausgearbeiteten Ergebnisse dargestellt.

4 Empirischer Teil

Zum Einstieg in die Ergebnisdarstellung werden zunächst die Fälle nacheinander in ihrer Besonderheit kurz charakterisiert. Die anschließenden fünf Kapitel führen den Leser durch die Themenlandschaften der Kernkategorien. In diesem Rekonstruktionsschritt werden die aus dem Datenmaterial herausgearbeiteten Konzepte und Kategorien in einen Sinnzusammenhang integriert, der das Geschehen rund um Dreh- und Angelpunkte in Veränderungsprozessen vor dem Hintergrund der Theorie U (vgl. Kapitel 2.6 der vorliegenden Arbeit; Scharmer 2009a, 2009b) erklären kann.

4.1 Die Fälle

B1 gibt als Beispiel einen kurzen Abriss einer typischen Auftragsklärung in der systemischen Organisationsberatung: Der Berater wird vom Kunden in ein Dilemma gebracht, indem der Kunde als erklärten Auftrag ein Problem bringt, das nicht das eigentliche Problem ist. Der Kunde hat das Problem bereits diagnostiziert und gibt die Ausgestaltung einer Lösung in Auftrag, die er ebenfalls bereits gefunden hat: „Machen Sie mit meinen Mitarbeitern ein Führungstraining." B1 findet die Ausarbeitung einer klaren Vorstellung von der Zukunft sowie das Bewusstmachen des eigenen Beteiligtseins aller Protagonisten am Vorher und am Nachher der Veränderung entscheidend für den Beratungsprozess. Bei der Einschätzung der Ausgangslage und der von allen Beteiligten in den Prozess eingebrachten Beobachtungen und Vorschläge geht B1 davon aus „dass alles, was dir jemand erzählt interessegeleitet und unbewusst ist, eine unbewusste Selektion" (B1, 114-115).

B2 wählt als Beispiel einen Fusionsprozess zwischen zwei großen Unternehmen aus der Energiebranche, den B2 in einem Beraterteam begleitet hat. B2 führt die Theorie der dynamischen Unternehmensentwicklung von Glasl und Lievegoed (2004, siehe Kapitel 2.7.4) an und betont die Notwendigkeit der schrittweisen Abfolge des Differenzierens und Integrierens im Organisationsentwicklungsprozess. Auffällig ist für B2 der Aspekt der Selbstähnlichkeit innerhalb des aus Beratersystem und Klientensystem bestehenden Beratungssystems: Die Beratendenhaltung gibt das Modell für die Haltung des beratenen CEO vor. Bei der Würdigung des sachlichen Kontexts in der gegebenen Veränderungssituation verfolgt B2 das „systemische Prinzip der Strukturdeterminiertheit" (B2, 526): „Was für Strukturen einerseits brauchen die organisationsentwicklerischen Prozesse, und welche strukturellen Gegebenheiten haben wir in der Organisation" (B2, 518-520). B2 regt die Beteiligten im Veränderungsprozess zur Lust am Wagnis an, um die Angst vor unbekanntem Neuem zu mindern. Auf der Ebene dritter Ordnung sei im Klientensystem die Fähigkeit zu co-kreativen Prozessen zu fördern.

B3 schildert als Beispiel einen Veränderungsprozess zur Nachfolgeregelung in einem Familienunternehmen. Am Anfang stehen chronifizierte Muster, die „kognitiv nicht auflösbar" (B3, 390) seien. „Das sind solche sehr wirkmächtigen Einschätzungen der Situation und dessen, was es braucht" (B3, 384-385). Im Unternehmen werde ein kohäsionsstiftendes Element gebraucht, das die Familie oder ein „funktionales Äquivalent" (B3, 447) sein könne. Ein Mit-einander sei zu kultivieren, das die Angst vor dem unbekannten Neuen mindere: „Das Wissen, dass man's miteinander hinkriegt, die Sicherheit oder die Gewissheit des Aufeinanderangewiesenseins" (B3, 450-451). Dem Festhalten an vermeintlich Sicherheit versprechenden Mustern der Vergangenheit wird die Aufforderung zu co-kreativen Prozessen entgegengesetzt. „Das Festhalten an bestimmten interessensbezogenen Festlegungen" (B3, 480) führe zu „vermiedenen Kooperationen" (B3, 486). Die von einem Veränderungsprozess Betroffenen haben sich in gemeinsamen Prozessen von den „Vorgefasstheiten der Vergangenheit" (B3, 808) zu lösen. In „jährlichen Reviewschleifen" (B3, 973) seien diese auf ihre Tauglichkeit zu überprüfen. B3 beachtet insbesondere die Parallelen zwischen individueller und organisationaler Entwicklung (Selbstähnlichkeit): „Diese große Herausforderung ist ja dieser komplizierte Zusammenhang zwischen individueller Erkenntnisentwicklung, oder individuellen Aufmachprozessen, und dem, was Organisationen brauchen, und wie das sich wechselseitig stimuliert oder auch blockiert." (B3, 1059-1062).

B4 nutzt als Beispiel eine über Jahre laufende Tagungsbegleitung für ein Wohnungsbauunternehmen. B4 legt besonderen Wert darauf, bei aller Beziehungsorientierung im Beratungsprozess den Sachzweck der Organisation nicht aus den Augen zu verlieren. B4 stellt das Vorhandensein von Dreh- und Angelpunkten in Veränderungsprozessen prinzipiell in Frage. Die Beratungsperson habe „das Eigentliche, das Unbewusste" (B4, 137) in der Organisation zu entdecken. Das Wesentliche sei die Orientierung an Sachzielen sowie die Herstellung von sozialer Anschlussfähigkeit der Beratungsperson (gleiche Sprache, Vertraulichkeit) und das Wissen um die Rhythmik des Prozesses (Zeitdimension). Nach den Erfahrungen von B4 sind die Sach- und Zeitdimension höher zu gewichten als die Sozialdimension. Klare Formulierungen seien ebenso notwendig wie die laufende Überprüfung der Sachziele. Die Beratungsperson bewege sich im

Spannungsfeld zwischen Demut angesichts zukünftiger Möglichkeiten und dem Anspruch, Sicherheit zu vermitteln, dass darin etwas entsteht. B4 plädiert für ein Zusammenführen dessen, was sich in der Vergangenheit bewährt hat, mit neuen Ideen: „Ein Würdigen quasi auch des Bisherigen, eine Erfindung des Neuen im Bisherigen oder umgekehrt" (B4, 563-564).

B5 wählt als Beispiel einen individuellen Coachingprozess und plädiert dafür, zur Aktivierung der Veränderungsbereitschaft nicht den Leidensdruck zu erhöhen, sondern die Lust am Lernen und die Neugier auf bisher Unbekanntes. Die Auseinandersetzung mit der Vergangenheit schaffe die notwendige Bewusstseinslage, um für neue Möglichkeiten aufnahmefähig zu werden; frühere Erlebnisprozesse werden als „kontextbezogene Kompetenz" (B5, 417-418) erkannt und reaktiviert. Bereitschaft zur Veränderung als „erlebte Fähigkeit" (B5, 73) ermögliche bewusstes Handeln statt dem reflexartigen Handeln von Kampf, Flucht, Totstellen ausgeliefert zu sein. Voraussetzung dafür sei das Verstehen der eigenen Bedürfnisse und die Würdigung des bisherigen Erlebens sowie die Berücksichtigung willentlicher und unwillkürlicher intrapersonaler Prozesse. Die Beratungsperson solle darauf achten, sich für ihre Interventionen, selbst das Schildern der eigenen Beobachtungen, den Auftrag oder die Erlaubnis der Klientin oder des Klienten einzuholen. Es gelte, auf diese Weise die Autonomie des Klientensystems zu achten. B5 erkennt mehrere paradoxe Aspekte im Veränderungsprozess. „Man ist selbst auf eine Art leer und doch nicht leer" (B5, 468). Nachhaltige Veränderung passiere in einer Grundhaltung der „absichtslosen Absicht" (B5, 469). Damit eine Beratungsperson einen Veränderungsprozess in der von B5 beschriebenen Weise begleiten könne, habe sie dafür zu sorgen, dass sie selber immer wieder eigene erfolgreiche innere Orientierungs- und Suchprozesse zur persönlichen Weiterentwicklung erlebe.

B6 schildert als Beispiel einen Großgruppenprozess zur Strategieentwicklung. Das Klientensystem sei durch Veränderungen des Gewohnten, beispielsweise im Arbeitssetting, aufzuschrecken, jedoch in seiner Autonomie und Eigenverantwortlichkeit zu achten. B6 betont die Notwendigkeit der sinnlichen Qualität bei der Wahl und Ausgestaltung der Interventionen als Ergänzung zur sachlichen Themenbearbeitung (B6, 317-322). B6 erkennt als möglichen Grund für die nicht ausreichende Nachhaltigkeit des während der Durchführung als erfolgreich empfundenen Prozesses, dass neben den positiven Bildern der Vergangenheit die Zukunftsvision zu wenig berücksichtigt wurde. Als Risiko für die Arbeit mit Großgruppen erkennt B6, dass sich positive wie negative Stimmungen gleichermaßen im Rahmen der Gemeinschaftsidentität ausbreiten. Die Herstellung und Pflege einer positiven Gruppenidentität sei ebenso wichtig wie die Arbeit an den gemeinsamen Sachthemen. Die Erzeugung eines Gemeinschaftsgefühls in der Großgruppe gelinge mit analogen Mitteln wie Rhythmus (Körpereinsatz) und

Musik. Die Resonanz erleichtere den Einstieg in die differenzierende Arbeit an den Gegenständen auf der Sachebene bei gleichzeitigem Ausgerichtetbleiben auf das gemeinschaftliche Interesse auf der Sozialebene.

4.2 Darstellung der Ergebnisse

Trotz der Unterschiede in Inhalten und Gegebenheiten der Fälle (individueller oder organisationaler Prozess, Branche, Mikro-/Makro-Strategie, Change-Anlass und -Thema) konnten Gemeinsamkeiten in den Prozessbeschreibungen ausgemacht werden. Die Konzepte und Kategorien, die in den Arbeitsdurchgängen des offenen und axialen Codierens aus den Interviewdaten herausgearbeitet wurden, lassen sich insgesamt fünf Kernkategorien zuordnen: Ausgangslage, Prozess, Ver-Mittler und Mittel, Resultat, Reflexion und Evaluation. Diese Kernkategorien bilden den zeitlichen Ablauf sowie die wesentlichen Faktoren des begleiteten Veränderungsprozesses ab. Sie werden in der folgenden Tabelle im Überblick dargestellt und anhand von charakterisierenden Fragen verdeutlicht.

Tabelle 3: Kernkategorien

Kernkategorie	Beschreibung	Charakterisierende Fragen
Ausgangslage	Das, was ist und was sein sollte	In Bezug auf welche Faktoren gilt es zu Beginn des Veränderungsprozesses besondere Bewusstheit herzustellen? Auf welcher Grundlage geschieht das *Co-Initiating*, der Anstoss zum gemeinsamen Prozess von Beraterin und Klient?
Prozess	Das, was geschieht	Was ereignet sich zwischen den am Prozess beteiligten Subjekten? Wie kommunizieren sie miteinander? Wie entfalten sich Interventionen?
Ver-Mittler und Mittel	Das, was zum Einsatz kommt	Durch was wird Beratung zur Begegnung? Worin besteht die Kunst der Begegnung, die das Sich-Einlassen auf den Veränderungsprozess möglich macht? Was kann ihr im Weg stehen?
Resultat	Das, was dabei herauskommt	Worin zeigt sich, dass tiefere Schichten individueller oder organisationaler Kultur berührt wurden oder gerade nicht? Wie lassen sich Dreh- und Angelpunkte als Ergebnis oder Zwischenergebnis eines Veränderungsschrittes beschreiben?
Reflexion und Evaluation	Das, was zu lernen ist	Hypothesen: Was hat gewirkt? Wie? In welcher Weise haben sich die Prozessbeteiligten verändert? Welche Unterschiede sind zu beobachten?

In den vier folgenden Kapiteln werden die Kernkategorien mit ihren zugeordneten Kategorien als Themenlandschaften zusammenhängend beschrieben und anhand von Textbeispielen aus den Interviews veranschaulicht. Die Angaben in Klammern zu den Textverweisen nennen den Interviewpartner und die Zeilen im Word-Transkript des Interviews. Die wörtlichen Zitate finden sich, wenn sie nicht im Text aufgeführt sind, in der Tabelle in Anhang 6.2.4.

4.2.1 Ausgangslage

Zu Beginn eines begleiteten Veränderungsprozesses finden die Begleitpersonen bestimmte Gegebenheiten vor, andere müssen sie einrichten, um den Prozess beginnen zu können. Zur Beschreibung dieser Ausgangslage machten die befragten Prozessbegleiter Aussagen über den Kontext, bestimmte Risiken, über Bedingungen in der Sache, in den Beziehungen und in der Zeit sowie über gegebene oder nicht gegebene Voraussetzungen für den Schritt über die Schwelle.

Kontext

Der von der Beratungsperson vorgefundene Kontext besteht neben den Aspekten des sachlichen Problems, das Anlass für die anstehende Veränderung ist, aus den formalen und gelebten Beziehungen. Hierarchien spielen ebenso eine Rolle wie die Delegationswege. Ein wichtiger Schritt für die Erarbeitung der Mitgestaltung zukünftiger Möglichkeiten kann das Erkennen eines Musters der Delegation nach oben sein (B3, 521-522). Die Auflösung eines solchen Musters zeigt sich in der Übernahme der Initiative durch eine tiefere Hierarchieebene (B4, 243-247).

Die Kontextbetrachtung erfordert die differenzierte mehrdimensionale Wahrnehmung der Ausgangssituation: Was auf der Beziehungsebene mit der Kontaktaufnahme zwischen Klientensystem und Beratersystem beginnt, verlangt nach klarem Fokus auf die sachlichen Kernaufgaben des Unternehmens sowie die Berücksichtigung von Zeithorizonten (B4, 39-47). Teil des Kontexts ist das Ausgangsdilemma, dass das vom Klientensystem deklarierte Anliegen nicht das eigentliche Anliegen ist. Das Klientensystem erkennt selbst Änderungsnotwendigkeiten bei den sichtbaren Artefakten des Unternehmens und beauftragt das Beratersystem mit der Ausführung dieser Änderungen. Die Ursachen für die Änderungsnotwendigkeiten auf der sichtbaren Oberfläche liegen jedoch in nicht mehr tauglichen Mustern auf den tieferen unsichtbaren Ebenen. Für die Beratungsperson stellt sich die Frage, wie tief sie bei der Bearbeitung der Kulturebenen gehen soll. Soll sie darauf dringen, deklarierte Werte zu hinterfragen oder gar unausgesprochene Werthaltungen zu verändern? Oder soll sie sich mit

Maßnahmen zur Veränderung der sichtbaren Artefakte begnügen, die der Klient selbst bereits vorschlägt? (B1, 10-13)

Der Kontext wird zudem bestimmt durch etwas, das in den Interviews als „Energie" bezeichnet wird: „Es wurde zeitraubende Energie dafür zur Verfügung gestellt" (B2, 193-194); „Energie des Miteinanders" (B3, 401); „Energie für die Problembearbeitung" (B3, 405). Geprägt wird der Kontext auch von Glaubenssätzen, die zur „Chronifizierung" (B3 372) untauglicher Muster führen können (B3, 384-385).

Der Kontext verweist auf die Situationsangemessenheit der Führung. Dazu gehört der konstruktive Umgang mit Macht – „eine starke, wirklich eine starke Leitung von oben, die das einfach eingefordert hat" (B2, 274-275) – genauso wie das einheitliche Auftreten der Führungsverantwortlichen und die Top-down-Verankerung von veränderungsrelevanten Entscheidungen. Auch die grundsätzlich deklarierte Offenheit kann je nach Situation variieren (B2, 312-316). Offenheit für alle denkbaren Möglichkeiten ist in der Haltung bewusst und diszipliniert anzustreben (B5, 461-466). B4 verweist auf die Bedeutung der Bedrohung durch ein sich veränderndes Umfeld für den Anstoß zur Veränderung (B4, 856-857). Die zunehmende Dynamik sorgt für eine Zunahme der Existenzangst. Veränderung wird motiviert durch die Bedrohung statt durch Neugier.

Risiken

Das Dilemma der „Uneigentlichkeit" des vom Klientensystem vorgebrachten Anliegens erfordert die Risikobereitschaft des Beratersystems, das zu thematisieren, was als nicht thematisierbar erscheint. Auf dem Weg der Offenlegung des Themas besteht das Risiko, dass das Klientensystem lieber einen Kompromiss eingeht, als sich tiefer liegenden Veränderungsnotwendigkeiten zu stellen. Das Klientensystem hat eine Ahnung, dass tiefere Schichten von Wissen nötig sind, um die Situation zu klären, indem neue Denk- und Handlungsmuster etabliert werden. Den Umgang damit schreibt das Klientensystem zunächst dem Berater als Expertenkompetenz zu, bevor es den Schritt ins Unbekannte riskiert und selber den Zugang dazu anstrebt. Sind mehrere Betroffene an dem Veränderungsprozess beteiligt, ist die gemeinsame Risikobereitschaft entscheidend (B3, 470-474). Entscheidend ist zudem eine Atmosphäre des Vertrauen-Könnens auf einen Schutz vor „Gesichtsverlust" (B3, 721; siehe auch B2, 234-237).

Bedingungen

Bedingungen werden zu Beginn eines Veränderungsprozesses in der Sache, in Bezug auf die Beziehungen der Beteiligten und den Zeitrahmen angetroffen. In organisationalen Veränderungsprozessesn wird die Beteiligung von möglichst vielen Individuen als wichtig erachtet (B4, B6); entscheidend ist der Einbezug der relevanten Betroffenen (B2, B3). Das Beratungssystem holt sich das Einverständnis der Betroffenen zum Anstoß für die Veränderung. Die (auftraggebenden) Betroffenen sind in der Haltung des *Seeing*, des Hinsehens: Sie haben bereits beobachtet, dass das augenblicklich praktizierte Muster nicht auf Dauer eine befriedigende Lösung ist. Als bedeutsam wird das Einverständnis von „Machthabern" (B2: Geschäftsleitung, B3: Familienoberhaupt) und individuellen Betroffenen (B5) mit der Vorgehensweise der Beratenden sowie das Herstellen eines funktionierenden Arbeitsbündnisses (B3, B4) angesehen. Vom Schaffen oder Bereitstellen von Möglichkeiten, Räumen oder Möglichkeitsräumen ist in allen Interviews die Rede. „Ich habe einen Raum geschaffen, wo da was entstehen kann" (B3, 260-261). In diesen imaginären Räumen, in denen zukünftige Möglichkeiten geübt werden können, werden die notwendigen oder idealen Bedingungen für Sachlösungen und Beziehungsgestaltung wie Kulissen auf einer Probebühne bereitgestellt. In Bezug auf zeitliche Abläufe werden die gewohnten Rhythmen außer Kraft gesetzt. Weitere Bedingungen sind mit den Anforderungen an die Beratungsperson gegeben: Anschlussfähige Sprache, Aufbau von Vertrauen, Bereitstellung einer Bühne, auf der Beobachtungen im geschützten Rahmen besprochen werden können; das Besprechbarmachen des Beobachteten. Vom Beratenden wird die Fähigkeit zum *Sensing* erwartet, um ein *Co-Sensing* anstoßen zu können. Unerlässlich ist der Grundrespekt vor der persönlichen Integrität des jeweils Anderen, „dieser Grundrespekt in Bezug auf die Kompetenz und das Lösungsvermögen des Anderen" (B3, 456-457; siehe auch B3, 453-455). Im organisationalen Veränderungsprozess sollte ein Bottom-up-Handlungsmodell gegeben sein, so dass geeignete Lösungsmuster sich von jeder Stufe aus in alle Richtungen verbreiten können.

Voraussetzungen für den Schritt über die Schwelle

Zu Beginn des Veränderungsvorhabens entweder bereits vorhanden oder vom Veränderungsbegleiter im ersten Schritt zu erarbeiten sind ein Interesse an der eigenen Zukunft und die „Lust am Wagnis" (B2, 589) sowie die Bereitschaft zum Eintauchen in „analoge Welten" (B2, 586). Den Schritt macht, wer darin einen Sinn erkennt. Die Beratungsperson unterstützt den Sinnfindungsprozess und respektiert dabei die Autonomie des Klientensystems (B5, 230-232). Der Schritt über die Schwelle wird (wie im Rubikon-Prozess-Modell der Schritt über den Rubikon) möglich, wenn unbewusste Bedürfnisse bewusst gemacht und mit den bewussten Motiven in Einklang gebracht sind. Das Aufdecken der unbewussten Bedürfnisse führt zu einem Sinnstiftungsprozess, der die konstruktiven Wirkungen und Funktionen von ursprünglich als destruktiv erachteten Verhaltensweisen offenbart.

4.2.2 Prozess

Beim Beobachten von Prozessen werden Unterscheidungen vorgenommen. Der lineare Ablauf wird interpunktiert und in Phasen unterteilt. Zu beobachten sind im Prozessverlauf zudem unterschiedliche Ausdrucksformen und Perspektiven. Beobachtungen entlang des Prozesses handeln von den U-Prozess-Elementen, Hindernissen, Sprache und Kommunikation, Selbstähnlichkeitsphänomenen, den Sinndimensionen nach Luhmann, Aspekten der Beratung im dritten Modus, der Kybernetik zweiter und dritter Ordnung sowie von Gemeinschaft und Gemeinsamkeit.

U-Prozess-Elemente

Da erklärtermaßen keine der interviewten Personen Scharmers Theorie U bewusst als Diagnoseinstrument oder als Interventionsmethode zur Prozesssteuerung eingesetzt hat, können die beobachtbaren Anklänge an Prozessschritte oder Erklärungsansätze des U-Modells als Ausdruck der Funktion zur Beschreibung eines Change-Prozesses oder von Phänomenen, die ohnehin in allen natürlichen Prozessen vorkommen (vgl. Hayashi, 2010), verstanden werden. In den beschriebenen Fällen aller Interviewpartner finden sich Anklänge an eine Auseinandersetzung mit einer Haltung des *Downloading* im Klientensystem, mit beobachteten Veränderungen in der Feldstruktur der Aufmerksamkeit, mit den Vorgängen in der Phase des Rückzugs und der Reflexion und mit co-kreativen Prozessen (*Prototyping* und *Performing*). Für B2 ist Organisationsentwicklung grundsätzlich nicht mit einer Haltung des *Downloading* im Beratungssystem vereinbar: „Wir werden oft eingeladen, Wagnisse einzugehen und neue Wege zu beschreiten. Und da finde ich die Grundidee, die auch die Theorie U dort zur Verfügung stellt, wohltuend [...]: bitte keine Routinen; jeder Prozess ist ganz was Eigenes, was Schönes" (B2, 677-680).

Das Bewusstmachen der Wirksamkeit alter Muster wird als erster Schritt im Veränderungsprozess beschrieben (B3, 369-373). B5 erkundet in diesem Schritt „Erlebnisnetzwerke" (B5, 285). Die bisherigen Muster seien „nicht Ursache, [sondern] Teile des Netzwerks, die zum Problem beitragen" (B5, 286-287). Alte Muster zu betrachten ist sinnvoll, wenn dahinter die Absicht steht, einen Unterschied in der Bewertung zu machen (Reframing) und den Unterschied zu definieren, den das neue Muster kreieren soll (B5, 287-290). Die „bisherigen Haltegriffe" (B3, 479), an denen festgehalten wird, beschreibt B3 als „inhaltliche Gewissheiten oder das Festhalten an bestimmten interessensbezogenen Festlegungen [...] oder auch an Bildern, was die anderen betrifft" (B3, 479-481). Aber auch das Verharren im oder die Rückkehr zum *Downloading* wird beobachtet, selbst wenn dies als unbefriedigend erlebt wird (B6, B3). Wahrgenommene Be-

4.2 Darstellung der Ergebnisse

sonderheiten in der Zusammenarbeit deuten auf Veränderungen in der Feldstruktur der Aufmerksamkeit hin: „dass da ein Transformationsprozess auch in den wechselseitigen Beziehungsangeboten möglich war" (B3, 299-300; siehe auch B6, 249-250). In erweiterter Wahrnehmung (*Sensing* und *Co-Sensing*) wird die Voraussetzung für einen co-kreativen Prozess gesehen. Die Bedeutsamkeit der Phase des Rückzugs und der Reflexion wird aus den Verweisen auf den Faktor Zeit erkennbar. „Dieser Moment, der kriegt seine Wirkkraft besonders, wenn eben kein Druck dabei ist, sondern wenn noch Zeit ist" (B5, 385-386; siehe auch B5, 374-375). Der Umschlagpunkt des Loslassens am Beginn dieser Phase wird in unterschiedlichen Zusammenhängen thematisiert. „Ein Abschiednehmen von dem, ein Loslassen von dem, was halt bisher die Verhältnisse waren, und die Begründungszusammenhänge für diese Verhältnisse – das ist hier in der Regel ein wichtiger Durchbruchschritt" (B3, 707-710). Gleichzeitig zeigt B5 den paradoxen, für den Lernerfolg jedoch relevanten Zusammenhang auf, dass das Loslassen an ein Festhalten-Dürfen geknüpft ist. „Da will etwas immer in Verbindung bleiben und will gerade nicht loslassen. Deswegen muss etwas immer festhalten dürfen, damit das dann genug Frieden gibt, um genügend loszulassen" (B5, 556-559). Ein Erleben von *Presencing* beschreibt B5 mit der anzustrebenden Verbindung von bewusst willentlichen und unwillkürlichen Anteilen des Ich: „In diesem Moment gibt es so was wie eine Synergie, oder eine Syntonie, das ist wie eine Sinfonie, könnte man sagen: bewusstes willentliches Ich und Unwillkürliches" (B5, 175-177). Angesprochen wird zudem das Paradox der Gleichzeitigkeit von höchster Unschärfe und absichtsvoll auf einen Punkt ausgerichtetem Fokus im *Presencing*. „Ich meine auch, dass wir im *Presencing* einen ganz anderen Zugang zu Differenzierung und Ganzheit kriegen, dass wir eine wirkliche Vorstellung haben und auch ein Anliegen, dass das Ganze sein darf" (B2, 744-746).

Fragen zu den Themen „Mein Selbst" und „Meine Arbeit" werden in den beschriebenen Beispielen direkt oder indirekt thematisiert. Bei B3 ist von einer „selbstdefinierten Verantwortung" (B3, 356-357) die Rede. „Ich finde gelungene Prozesse immer auch die, wo bestimmte Führungspersonen sich weiterentwickelt haben, in der Hierarchie weitergekommen sind. Oder in ihrer Rolle sich gefestigt haben" (B4, 652-654). Bezogen auf die Organisation wird statt der Frage nach dem Selbst und der Arbeit die Frage nach ihrer Viabilität, ihrer Tauglichkeit für die Selbsterhaltung und Selbstreproduktion gestellt. Die in mehreren Interviews genannte Beratenden-Aufgabe, dritte Wege aufzuzeigen, begleitet das Konkretisieren eines Zukunftsbildes während der Rückzugs- und Reflexionsphase (B2, 613-617).

Am Übergang zum *Crystallizing* regt die Beratungsperson das Klientensystem dazu an, durch *Enacting* (Hervorbringen) und *Embodying* (Verkörpern) dem neuen Muster Gestalt zu geben. Gleichzeitig lässt sie selber los von ihrer Steuerungsfunktion (B3, 248-251). In der Auseinandersetzung mit zukunftsgerichteten Themen wie Umweltschutz oder Nachhaltigkeit, wird „kollektive Sinnstiftung" (B3, 1042) geleistet, was als co-kreativer Prozess gewertet werden kann. Weiteres Beispiel dafür wäre die „Optionsentwicklung" (B3, 909-911). Gefördert werden co-kreative Prozesse durch den Einsatz von Großgruppenmethoden (B6, 157-160). *Prototyping* findet in mehreren der beschriebenen Beispiele statt, wenn analoge Methoden eingesetzt werden, um neuen Ideen oder neu erfahrenem Wissen Gestalt zu geben. „Da haben wir Bilder entstehen lassen, aber auch mit professioneller Begleitung, ganz große, […] sechs Stück von den sechs Kernkompetenzen" (B6, 315-317). Von allen Interviewpartnern wird auf die Notwendigkeit des Übens – real oder mental – neuer Muster im laufenden Veränderungsprozess verwiesen, und abstrakte Ziele werden gestalthaft beschrieben (B2, 628-630). Für die Haltungen und Prozessschritte im konstruktiven Teilprozess entlang des rechten U-Schenkels nach oben können aus dem Datenmaterial nur wenige Beispiele herausgearbeitet werden. Mehrfach wird jedoch auf die Bedeutung des *act in an instant* für den nachhaltigen Umsetzungserfolg hingewiesen – des unmittelbaren Umsetzens eines konkreten Schritts in Richtung auf das angestrebte Ziel, sobald dieses definiert ist (B3, 314-324). *Prototyping* wird weniger im Sozialen als in der Aktivierung der „Unterschiedswahrnehmung zu dem Anderen" (B4, 1071-1072) bemerkt.

Hindernisse

Als Hindernis erweist sich die mangelnde Praxis eines *act in an instant*. Nachhaltiges *Co-Creating* gelingt nicht, weil ein kleiner, symbolischer Akt der konkreten Umsetzung noch aus der gemeinsamen Arbeitsrunde heraus zu wenig nachdrücklich geplant und vorangetrieben wird. *Crystallizing* (Verdichten) und *Prototyping* kommen als differenzierte Arbeitsschritte zu kurz. Als Grund für ein Stocken oder Scheitern des Veränderungsprozesses wird das Vorherrschen einer Abwartehaltung im Klientensystem genannt, in der nicht ausreichend Schwung für den in-die-Tat-umsetzenden co-kreativen Teil des Prozesses – *Crystallizing, Prototyping, Performing* – generiert werden kann (B3, 585-588). Als weitere Hindernisse werden genannt: mangelnde Detailtiefe und Präzision des Zukunftsbildes, mangelnde Investitionsbereitschaft, mangelnde Verbindlichkeit sowie mangelnder Druck aus der Umwelt. Auch dürfe die Beratungsperson sich nicht abhängig machen von einem bestimmten Ergebnis des Prozesses – „absichtslose Absicht" (B5, 469) sei die für die Ermöglichung von Dreh- und Angelpunkten förderliche Haltung. Einem gemeinsamen Identitäts- und Kulturbildungsprozess stehen neben Machtkämpfen jede Art von Verteilkonflikten (B2, 271; B4, 251) entgegen, ebenso wie Problemstabilisierung durch „Loyalitätsbindungen" (B3, 530) und Zeitdruck.

Sprache und Kommunikation

Sprache und Kommunikation im Veränderungsprozess sichern auf der einen Seite die Verständigung über gemeinsam anzustrebende Ziele und stellen das Commitment sicher, zeigen aber auf der andern Seite Grenzen der Verständigung oder der Versprachlichung bedeutungsvoller Inhalte auf. Die Beratungsperson sollte über eine an die Sprach- und Denkwelt des Klientensystems anschlussfähige Sprache sowie die Fähigkeit zum Re-Entry verfügen (die von ihr beobachteten Gemeinsamkeiten und Unterschied wieder ins System einspeisen zu können). Sprachliche Verständigung wird da schwierig, wo Paradoxien und Ambivalenzen ausgedrückt werden müssen, um sie bearbeitbar zu machen. „Unsere Sprache, die ist halt immer so sequenziell hintereinander, und die ist nicht genügend. Das Problem ist: Kann die Multi- oder Ambivalenz darin erfasst werden?" (B5, 540-542; auch B5, 558-560). Aufgefordert, das zu beschreiben, was bedeutsam war und den Prozess in Richtung Gelingen vorangebracht hat, antworten die Interviewpartner vage: „Es hat sich irgendwie gefügt. Es hat irgendwie sehr gut funktioniert. Also meistens hat man dann ja so ein Gefühl von: das hat jetzt sehr gut funktioniert" (B6, 187-168). Etwas Entscheidendes kann genau wahrgenommen, aber nicht beschrieben werden (B5, 472-477). B2 (727-731) vertritt die Einschätzung, dass nicht alles sprachlich schwer Fassbare, was in der Begleitung von Veränderungsprozessen eine Rolle spielt – wie etwa das Thema Liebe – auch besprochen werden muss; wichtig sei, dass es gelebt werde.

Sprachliche Kommunikation ist das zentrale Werkzeug im gemeinsamen Sinnstiftungsprozess. Kommunikation soll offen sein und die „Vergemeinschaftung" (B3, 683) von Bedeutungen ermöglichen. Sie nutzt und bedient das Interesse an Geschichten. Ihr Einsatz kann das klare Beziehen von Positionen ebenso stützen wie vermeiden. Dass zwischen Veränderungsbeteiligten eine gemeinsame Sprache fehlt, kann Ausdruck bestimmter Bedürfnisse und Motive sein und damit relevant für den Prozessverlauf. Der Einsatz analoger Methoden wie metaphorischer Beschreibungen kann dem Unbewussten eine Sprache geben. Ein bedeutsamer Aspekt nonverbaler Kommunikation im Veränderungsprozess ist der „achtungsvolle Umgang" (B5, 159) mit Körpersignalen in Form des Aufbaus einer „Kooperationsbeziehung" (B5, 200) zwischen kognitiver Wahrnehmung und Körper.

Selbstähnlichkeit

Zwischen Beratersystem und Klientensystem bestehen Ähnlichkeiten in den Denk- und Verhaltensmustern. „Es hat sich im Beratersystem so deutlich das

Klientensystem mit den Fragestellungen widergespiegelt" (B2, 134-135). Die Beratendenhaltung gibt jedoch auch das Modell für die Haltung des beratenen CEO vor. Im Verlauf des begleiteten Veränderungsprozesses sind Resonanzphänomene zwischen den Beteiligten innerhalb des Klientensystems und zwischen Klientensystem und Beratersystem zu beobachten. Phänomene der Selbstähnlichkeit werden sowohl zwischen Beratenden und Klienten als auch zwischen individueller und organisationaler Entwicklung erkannt. „Diese große Herausforderung ist ja, diesen komplizierten Zusammenhang zwischen individueller Erkenntnisentwicklung, oder Aufmachprozessen, und dem, was Organisationen brauchen, und wie das sich wechselseitig auch stimuliert oder auch blockiert" (B3, 1059-1062). Als hilfreich wird die eigene Erfahrung der Erlebnisse eingeschätzt, die ermöglicht werden sollen (B5, 625-627). Gefördert wird die Lösungsfindung durch achtsame wechselseitige Beobachtung der Systembeteiligten sowie deren Bereitschaft zum Lernen durch Nachahmung eines als tauglich eingeschätzten Modells: Die Beratungsperson wird zum Modell für den Klienten (B5, 655-657).

Dritter Modus und Sinndimensionen nach Luhmann

Alle Interviewpartner und die Interviewpartnerin sind mit der Vorgehensweise der Beratung im dritten Modus vertraut. Entsprechend differenzieren sie in ihren jeweiligen Ausführungen die Beobachtungen nach den Luhmannschen Sinndimensionen: Sachdimension, Sozialdimension, Zeitdimension (B4, 47-53). In den Beschreibungen von organisationalen Veränderungsprozessen wird die Notwendigkeit betont, bei aller Prozess- und Beziehungsorientiertheit die Sachdimension nicht aus dem Fokus zu verlieren: Der Grund für das Zustandekommen des Arbeitsverhältnisses zwischen Klientensystem und Beratersystem sei ein sachliches Problem, und dafür werde am Ende eine Lösung erwartet (B4, 44-47; B2, 692-695). Beim individuellen Veränderungsprozess wird die Bedeutung der Zeitdimension hervorgehoben: Für einmal angestoßene innere Such- und Reorientierungsprozesse sei dem Klientensystem ausreichend Zeit und Ruhe zu gewähren (B5, 374-375).

Kybernetik erster, zweiter und dritter Ordnung

In der systemischen Organisationsberatung werden Beobachter (Berater) und beobachtetes System nicht unabhängig voneinander gedacht. Die Beratungsperson ist zum einen von vornherein im Beobachtungsmodus zweiter Ordnung und arbeitet zum anderen an der Grenze zwischen Kybernetik zweiter und dritter Ordnung, oszillierend zwischen achtsamer Reflexion des gesamten Beratungssystems und der Ermöglichung von kreativen inneren Erlebnisprozessen. „Ein Berater arbeitet, indem er MIT einem System arbeitet, IN einem System, in dem

Kybernetik-zweiter-Ordnung-System, also in dem System, in dem man die Leute vom System hat, und sich selber auch, und womöglich noch andere, die für ihn noch relevant sind" (B5, 629-633).

In Bezug auf die Qualität und Nachhaltigkeit der organisationalen oder individuellen Veränderungsprozesse wird zwischen Veränderung zweiter Ordnung und bloßer Anpassung unterschieden (B2, 415-417). Für Anpassungsprozesse reichen Veränderungen auf der Ebene der Artefakte aus, selbstreflexive Veränderung zweiter Ordnung findet auf der Ebene der grundlegenden unausgesprochenen Annahmen statt (und hat Auswirkungen auf die darüber liegenden Ebenen der öffentlich propagierten Werte und der Artefakte). Beobachtung zweiter Ordnung wird als eine Kernkompetenz des Beraters erachtet. Er stellt sich selbst als Beobachter und die von ihm beobachtete Situation in Frage. Stimmen die Prämissen? Welche alternativen Interpretationen sind möglich? Auf diese Weise speist er ins System Unsicherheit und Komplexität ein. Zur Kybernetik dritter Ordnung gehörende ästhetische Phänomene werden genutzt und sind zu beobachten, wenn analoges Erleben, zum Beispiel beim Einsatz von Musik und Rhythmus Teil eines Gruppenprozesses wird (B6, 655-659). Beschrieben wird das Entstehen von neuen, nicht vorhersehbaren Qualitäten (Emergenz) im und durch den gemeinsamen Prozess (B6, 878-879). Durch den Einsatz von Musik (oder anderen analogen Methoden wie des gemeinsamen Malens von Bildern) werden Resonanzphänomene initiiert und verstärkt. Die Gruppe gelangt in eine gemeinsame Grundschwingung, die selbst eine Form des *Co-Sensing* darstellt und den co-kreativen Prozess unterstützt. In einer zusammenfassenden Beschreibung der Beratergrundhaltung verweist B5 auf Demut und Transzendenz (Endlichkeit) als deren Bestandteile und damit auf Aspekte der Kybernetik dritter Ordnung: „Nach bestem Wissen und Gewissen das Gefühl haben: Ich mach, was ich kann, und demütig oder respektvoll achte ich meine Endlichkeit" (B5, 653-655; siehe auch B4, 538-540).

Gemeinschaft und Gemeinsamkeit

Im Gruppenprozess zur Organisationsentwicklung entstehen Gemeinschaft und Gemeinsamkeit durch das Herausarbeiten gemeinsamer Stärken und Kompetenzen sowie durch Resonanz beim Einschwingen auf eine bestimmte Umgangsweise miteinander (B6, 121-123). Die Herstellung von Gemeinsamkeit in jedwedem Kontext erfordert ein Interesse der Individuen am Miteinander und an der Schaffung von etwas Gemeinschaftlichem. „Veränderung passiert ja immer nur dann, wenn man sich miteinander auf etwas einlässt, dessen Ergebnis man nicht kennt, ja, was erst miteinander entsteht" (B3, 464-466). Interesse füreinander zu entwickeln und zu kultivieren bedeutet, aufeinander zuzugehen und aufeinander zu achten durch Erschließen einer auf Gemeinschaft und Gemeinsamkeit ausgerichteten Feldstruktur der Aufmerksamkeit (Ich-im-Es und Ich-im-Jetzt). Sozialdimension und Zeitdimension werden für die vertiefte, über die Rationalität der Sachdimension hinausgehende Sinnstiftung genutzt. Gemeinsamkeit wird einerseits im Verlauf des Prozesses praktiziert, durch Absprachen oder Verhaltensmusteränderungen, und andererseits wird sie als ein Ergebnis dieses Prozesses in Form einer im Vergleich zu vorher unterschiedlich wahrgenommenen Gemeinschaftsidentität erkennbar (B2, 628-630). Ausschlaggebend für das In-Gang-Kommen des Prozesses ist die Einsicht, dass eine gemeinsame Anstrengung notwendig ist, sowie im nächsten Schritt die gemeinsame Ausrichtung in die gleiche Richtung. Zur gemeinsamen Ausrichtung gehört die Integration von teilweise schwer zu vereinbarenden individuellen und organisationalen Interessen. Anzustreben ist die Verbesserung des Zusammenspiels der Partikularinteressen von Individuum oder Familie und Organisation (B3, 100-103). Durch Zusammenspiel und Verständigung wird eine Vergemeinschaftung des Kernproblems als Voraussetzung für seine lösungsorientierte Bearbeitung möglich. Jeder gemeinsame Prozess weist eine bestimmte Kooperationsqualität auf. Interesse an Kooperation zeigt ebenso Wirkung wie vermiedene Kooperationen (B3, 479-486). Eine gemeinsame Dynamik entsteht in jedem Fall, eine positive Gruppendynamik ist förderlich für einen co-kreativen Prozess. Am Beginn des gemeinsamen Prozesses zwischen Beratersystem und Klientensystem steht die radikale Einforderung von Kooperationsfähigkeit zwischen den Beteiligten, sowohl in den Subsystemen als auch im gemeinsamen System. Der gemeinsame Prozess verläuft im Wechselspiel und dient der wechselseitigen Vermittlung von Sicherheit. „Diese kollektive Gewissheit, die man halt durch wechselseitige Beobachtung – das ist ein reziproker Prozess – mitkriegt: der Andere hat losgelassen, und der Andere bemerkt: Ich hab auch losgelassen" (B3, 710-712). „Zwischenmenschliche Kohäsion" (B3, 404-405) als Geschehen in der Sozialdimension ist Voraussetzung für die Aufrechterhaltung kontinuierlicher Prozesse zur Aufgabenbearbeitung in der Sachdimension. Gelingt Kohäsionsstiftung nicht, ist dies daher in der Veränderungsbegleitung vordringlich zu bearbeiten. Innerhalb des organisationalen Geschehens sind verschiedene kohäsionsstiftende Instanzen denkbar – Familientraditionen und Familienoberhäupter im Familienunternehmen oder jeder „relevante Player" (B3, 448).

4.2.3 Ver-Mittler und Mittel

Vom Prozessgeschehen können die in dieses Geschehen eingebrachten Haltungen der Beteiligten sowie deren Aktionen oder Interventionen unterschieden werden. Wirksam werden im Prozess der Veränderungsbegleitung, individuell oder organisational, neben den bewusst gesetzten Interventionen das emotionale Engagement der Beteiligten, die Haltung des oder der Beratenen sowie Haltung, Rolle und Funktionen des oder der Beratenden.

Beratende: Haltung, Rolle und Funktionen
Das Klientensystem hat eine Ahnung, dass tiefere Schichten von Wissen nötig sind, um die Situation zu klären oder neue Denk- und Handlungsmuster zu etablieren. Den Zugang dazu schreibt das Klientensystem zunächst dem Berater als Expertenkompetenz zu, bevor es selber einen solchen Zugang findet (B3, 390-393). B5 bezeichnet sich selber als: „unterstützender begleitender Berater" (B5, 12-13), „dienstleistender Anbieter" (B5, 232), „Realitätenkellner" (B5, 239). Als Sparring-Partner wird die Beratungsperson zum Anwalt dessen, was gerade unterzugehen droht[16]. „Es gilt nicht das zu beobachten, was einem der Klient sagt, sondern es gilt das zu beobachten, was er einem nicht sagt" (B1, 156-157; siehe auch B4, 771-774).

Die Beratungsperson zeichnet sich aus durch Vertrauen und Allparteilichkeit (B3, 344-347); sie ist sich während des gesamten Prozesses der Möglichkeit ihres eigenen Scheiterns bewusst. Kooperationsfähigkeit und gute Kooperation ist im Team aus mehreren Beratern ebenso bedeutsam wie untereinander bei den Beteiligten im Klientensystem.

Der Berater widersteht der Versuchung des *Downloading*. Die Beratungsperson lehnt das Reparieren des alten Musters ab und ermutigt das Klientensystem zum Loslassen und zum In-Betracht-Ziehen alternativer Optionen (B3, 730-733). Die Beratungsperson hat den Mut, sich zu zeigen und Stellung zu beziehen (B2, 687-692). Sie tritt abgeklärt an und hat für sich selbst die Kernfragen beantwortet, sie weiß: DAS ist mein Selbst, DAS ist meine Arbeit. „Ich habe eine ganz eigene Vorstellung von Organisationsentwicklung. […] Und ich für mich habe so eine innere Klarheit, was ich damit meine, dass es für mich also auch identitätsstiftend ist" (B2, 14-21). Eine eigene Position überzeugend vertreten zu können, erfordert zudem, die ethischen Grenzen der eigenen Einsatzbereitschaft definiert zu haben (B2, 696-697).

Der Beratendenpräsenz wird eine indirekte Wirkung zugeschrieben. Eine durch Demut gekennzeichnete Beraterhaltung schreibt den Erfolg nicht den eigenen Interventionen, sondern der Weisheit des Prozesses zu. Der wirksame Faktor entsteht als emergentes Phänomen aus dem gemeinsamen schöpferischen (co-kreativen) Prozess (B2, 327-333). Die Zusammenführung erfolgreicher Führungsprozesse schafft Bedingungen für einen erfolgreichen co-kreativen Prozess. Die Auseinandersetzung mit den eigenen Erfolgen in der Selbstreflexion der

---

16   Diesen Term verdanke ich Mirjam Bollag, Dozentin am Departement P der ZHAW.

Führungskräfte bewirkt eine Reifung der inneren Haltung, ein Erschließen tieferer Schichten von Führungswissen, ein Integrieren von geöffnetem Geist (Denken, rationales Entscheiden), geöffnetem Herzen (Fühlen, intuitives Entscheiden), geöffnetem Willen (klarer Absicht). Indem der Berater seine eigenen Beobachtungen und (Selbst)Reflexionen ins gemeinsame System einspeist, trägt er zur Schulung der Beobachtungs- und (Selbst)Reflexionsfähigkeit des Klientensystems bei (Angebot eines Lernens am Modell des Beraters). Entsprechend der systemischen Grundhaltung der Kybernetik zweiter Ordnung orientiert sich der Berater nicht an einem externen theoretischen Modell, sondern er IST das Modell zur Erklärung und zur Handlungsanleitung für seine Beratungssituationen (B2, 162-167).

Haltung Klientensystem

Der Akt der Begegnung zwischen Klientensystem und Beratersystem ist ein Subprozess zur Herstellung von Passung zwischen den in beiden Systemen vorherrschenden Grundhaltungen. Die gegenüber einer Begegnung mit dem Beratendensystem positiv eingestellte Grundhaltung des Klientensystems ist durch Offenheit und Neugier gekennzeichnet. Verbindlichkeit und Loyalität sind Voraussetzung für die Möglichkeit, Denk- und Verhaltensmusterwechsel nicht nur zu betrachten, sondern auch zu vollziehen. Die in der Selbstreflexion fortgeschrittene „taoistische Grundhaltung der absichtslosen Absicht" (B5) ist förderlich für die Bearbeitung von Dilemmata und Spannungsfeldern, die sowohl in der individuellen wie in der organisationalen Entwicklung Herausforderungen an die eigene Positionierung sowie die Anschluss- und Integrationskompetenzen angesichts komplexer Kontextgegebenheiten stellen.

Emotionales Engagement

Die Ambivalenz der Beratendenrolle, die sich aus dem Spannungsfeld der Aufgaben Prozesssteuerung und Prozessbegleitung ergibt, erfordert eine demütige Haltung (B5, 477-480). Antreibend für den Beratenden wirkt die Freude am Ergebnis, wenn der Prozess als gelungen empfunden wird. Ein Gefühl der Sicherheit entsteht innerhalb des Klientensystems durch gemeinsames Loslassen von einem Gegenstand auf der Sachebene (*Co-Presencing*). „Auf der inhaltlichen Ebene, der sachlichen Ebene, setzen dieses Loslassen und das Sich-Verabschieden meiner Ansicht nach die Gewissheit, die emotionale Sicherheit des sozusagen Akzeptiertseins auf der anderen Seite, des menschlichen Akzeptiertseins" (B3, 715-718). Zwischen Beratersystem und Klientensystem entsteht Sicherheit, indem das Beratersystem durchwegs darauf achtet, Vertrauen herzustellen und aufrechtzuerhalten (B2, B3, B4, B5). „Insgesamt ist eine reife Beraterleistung immer eine, die einen in die Rolle einer Vertrauensperson bringt"

(B4, 711-712). Neben Vertrauen werden Empathie und Allparteilichkeit als Grundmerkmale der Beratendenhaltung angesehen (B3, 344-347). Der Einbezug der im Prozess aufkommenden, ihn beeinflussenden Emotionen ermöglicht individuelle Reifeprozesse in der Sozialdimension und begünstigt nachhaltige Lösungen in der Sachdimension. In Familienbetrieben sind beispielsweise Schuldgefühle zu beobachten, wenn die Interessen und Erwartungen der verschiedenen Generationen in Bezug auf das Unternehmen nicht übereinstimmen (B3). Gelingt nach Klärung der individuellen Interessen eine Neubesetzung der Rollen in der Unternehmensnachfolge, ist das Handeln – auch wenn ursprünglich nicht vorgesehene Konstellationen dabei herauskommen – nicht aus Rache oder Abrechnung motiviert, sondern aus einer tieferen, emotional geläuterten Quelle heraus: Offenes Denken, offenes Fühlen, offenes Wollen bestimmen von allen Beteiligten her den Umgang miteinander. B4 und B6 berichten davon, dass auf Großgruppenveranstaltungen erarbeitete Veränderungsabsichten zwar über eine gewisse Dauer umgesetzt werden konnten, nach wenigen Jahren jedoch abgeflaut waren. Mögliche Enttäuschung der Beratenden über das Ausbleiben von Nachhaltigkeit zeigt sich allenfalls nonverbal (kurzes Innehalten im Erzählfluss, leisere Stimme). Von Enttäuschung oder anderen emotionalen Reaktionen auf der Kundenseite wird nichts berichtet. B3 beobachtet eine Bereitschaft zum Vorantreiben des Prozesses im Augenblick, wenn die Angst, unterzugehen, falls keine Änderung gelingt, grösser ist, als die Unsicherheit, sich auf etwas unbekanntes Neues einzulassen (B3, 607-610). Der Einsatz des Beraters zielt darauf ab, bewusst zu machen, dass das Festhalten an den alten Mustern eine größere Bedrohung darstellt als das Sich-Einlassen auf einen gemeinsamen Prozess zum Erarbeiten von neuen Mustern (B3, 699-703). Liebe zum Beratungsberuf und zu den Menschen in der professionellen Begegnung tut als Teil der Beratendenhaltung ihre Wirkung, auch wenn Liebe selbst nicht explizit Thema ist (B2, 727-731).

Interventionen

Als „Mittel zum Zweck, um für Transferwirksamkeit, Nachhaltigkeit zu sorgen" (B5, 149-150) wird bereits die Diagnose angesehen. Zweck von Interventionen ist die Bildung von Unterschieden, die anschließende Lösung bedeutet Integration (B5, 347-348). Auf Nachfragen, welche Interventionen konkret eingesetzt wurden, kommt von den Interviewten die Antwort, dass das Vorgehen nicht oder nicht ausschließlich aus planmäßigen Interventionen bestand, sondern intuitiv im Prozessverlauf entwickelt wurde. Wirksamkeit wird allenfalls dem Zusammenspiel verschiedener, über einen längeren Zeitraum verteilt und unabhängig voneinander eingesetzter Interventionen zugeschrieben. Die Wirkung, lässt sich daraus schließen, war nicht auf einen linearen Ursache-Wirkungs-Zusammenhang nach gezieltem Einsatz einer Intervention zurückzuführen, sondern entstand als emergente Qualität aus dem Zusammenspiel von bewusst und unbewusst („Und so ein Teil weiß ich auch nicht, was ich vielleicht dazu beigetragen habe.", B4, 738-739) gesetzten Interventionen sowie aus der Beratendenhaltung und der Kommunikation innerhalb des gemeinsamen Systems. Hohe, schwer beschreibbare Wirksamkeit wird vor allem der Arbeit mit und in analog-symbolischen Welten zugeschrieben.

Interventionen sind kontextabhängig und werden den situativen Bedingungen und der Prozessdynamik angemessen gestaltet. Die Anschlussfähigkeit, das Annehmen einer Intervention durch das Klientensystem wird gefördert, indem der Berater darauf achtet, sich vorher dafür einen Auftrag, das Einverständnis des Klientensystems zu holen. Zu den grundlegenden systemischen Interventionen gehören das Einfordern von Eigenverantwortung des Klientensystems, paradoxe Interventionen, die Ausrichtung auf zukünftige Möglichkeiten sowie die Konfrontation des Klientensystems mit seinen möglichen blinden Flecken (das eigentliche Anliegen hinter dem deklarierten Auftrag aufdecken). „Es geht darum, Beobachtungsräume zu öffnen, in denen sich der Beratene als Teil des Problems und nicht als Teil der Lösung sieht" (B1, 141-142). Begünstigt werden angestrebte Denk- und Verhaltensmusterwechsel durch bewusste Gestaltung des Settings für gemeinsame Prozesse: Ortswechsel sind ebenso wirksam wie das Zur-Verfügung-Stellen von ausreichend Zeit. Wirksam kann auch die Verstörung durch die Zumutung eines unbequemen, weil ungewohnten Musters sein. Die Verstörung kann durch die Schaffung eines minimalen Unterschieds zum Gewohnten hervorgerufen werden, beispielsweise durch den Verzicht auf Arbeitstische im Sitzungszimmer (B6).

Dreh- und Angelpunkte in Veränderungsprozessen können durch den Einsatz von analogen oder symbolischen Methoden erreicht werden. Eine Möglichkeit dazu bietet das Angebot, die problematische Situation metaphorisch zu beschreiben (B5). Weitere Ansätze sind der Einsatz von Musik und Rhythmus (B6) oder Techniken der künstlerischen Gestaltung (B6, 317-322). Die dadurch ermöglichten körperlich-sinnlichen Erfahrungen führen zu einer tieferen Verankerung von kognitiven Einsichten, zum *embodied knowledge* (vgl. „institutionalizing by *embodying* the new in action", Scharmer, 2009a, S.38; Hervorhebung im Original). Somatische Marker[17] als sichtbare körperliche Signale weisen auf unbewusste emotionale Reaktionen oder Bewertungen hin, die im Widerspruch zu verbal geäußerten Empfindungen oder Einschätzungen stehen können. Die Nutzung der somatischen Marker muss nach Einschätzung von B5 von den meisten Klienten und Klientinnen erst erlernt werden, da aufgrund ihrer Erfahrungen das Beachten eigener Körperwahrnehmungen negativ konnotiert ist. Sie müssen

---

17   Der Begriff und das Konzept stammen vom portugiesischen Neurowissenschaftler Antonio Damasio (2010).

daher erst die Konditionierung ablegen, dass ihre eigene Körperwahrnehmung weniger zählt als Fremdwahrnehmungen oder Erwartungen von außen. Ohne diesen vorbereitenden Schritt könnten mit der Aufforderung, somatische Marker zu beachten, Schuld- oder Schamgefühle wachgerufen und auf diese Weise einer Kompetenzstärkung sogar entgegengewirkt werden. Eine negative Konditionierung in Zusammenhang mit somatischen Markern kann zu einer paradoxen Kompetenzentwicklung führen: Eine positive Kompetenz ist das Abwerten und Negieren von eigenen somatischen Markern, da damit die Erwartungen von außen erfüllt und auf diese Weise Lob, Anerkennung, Zugehörigkeit sichergestellt werden.

Bei streitenden Prozessbeteiligten muss zunächst durch die Beratungsperson das Wiederholen der destruktiven Konfliktmuster (*Downloading*) beendet werden (B3). Als wirksam wird die Wiederholung von Interventionen genannt (B5, B6). Durch die Wiederholung von oder das Aufmerksamenmachen auf erfolgreiche Interventionen wird eine Routine im *act in an instant* erlangt. Mit der positiven Antwort auf die Frage: Hat das jetzt etwas genützt? und dem Bewusstmachen von gelungenen neuen Mustern entsteht Kompetenzgefühl und die Lust auf mehr davon.

4.2.4 Resultat

Nach einer gewissen Zeit des Veränderungsgeschehens ist ein Unterschied in den von der Veränderung betroffenen Bereichen zu beobachten. Dieser beschreibbare Unterschied ist das Ergebnis oder ein Teilergebnis des in der Zeitdimension zurückgelegten Weges, die dem vorher Geplanten entsprechen oder etwas Überraschendes darstellen kann. Neben konkreten Sachresultaten, die nicht Gegenstand der vorliegenden Untersuchung sind, werden in den Beispielfällen Phänomene erkennbar, die auf eine bedeutsame Veränderung der inneren Haltung der beteiligten Personen sowie der Organisationskultur schließen lassen. Berührt werden Identität und Autonomie des Klientensystems; über das Zwischenergebnis von Dreh- und Angelpunkten wird das Endergebnis von Balance und Integration erreicht.

Identität

Die Identität der Organisation wird bearbeitet, Identitätsentwicklung gilt als Zeichen für einen gelungenen Prozess. „Was wären attraktive Identitätsentwürfe in der Zukunft, mögliche? Was wär da denkbar?" (B3, 909-910; siehe auch B3, 895-904). Identitätsunterschiede und Gruppenzwang als eine äußerlich verordnete, nicht innerlich verankerte gemeinsame Haltung werden als mögliche Hindernisse für einen gemeinsamen Identitätsfindungsprozess genannt: „Da musste man ja immer Angst haben, dass, wenn man zurück kommt in die eigene Truppe, dass die sagen: ‚Aha, haben sie dich eingekocht'" (B2, 237-238; siehe auch B2, 247-252).

Autonomie

Neben der Identität ist der zweite Gegenstand der Bearbeitung auf der Haltungsebene die Autonomie des Klientensystems. Ein gewisser Grad an Autonomie und Autorität des Klientensystems ist Voraussetzung für die Herstellung eines Arbeitsbündnisses zwischen Berater- und Klientensystem (B6, 203-205; B5, 223-227). Angestrebt wird als ein (Neben-)Effekt der Zusammenarbeit die Stärkung und Ausweitung der Klientenautonomie. „Das muss immer als Ich-Botschaft von mir und nicht als ‚sie machen...' kommen […], weil dieser Moment, wo's über die Schwelle geht, das ist ein Moment, da ist jemand auch völlig autonom" (B5, 217-220). Ein zu starkes Beharren auf der eigenen Autonomie durch das Klientensystem kann den Aufbau des Arbeitsbündnisses allerdings auch erschweren: „Es hat schon auch Abweichungen gegeben, so dass wir überrascht wurden von manchen Entscheidungen. […] Aber wir haben immer gesagt: Die wissen genau, wann sie nicht mit uns reden" (B2, 538-541; siehe auch B2, 105-108).

Dreh- und Angelpunkte

Wenn auch die Grundannahmen über Dreh- und Angelpunkte, die die Forscherin in der Einleitung der Interviews jeweils dargelegt hat, nicht von allen Interviewten geteilt werden, so sind doch in allen Fallberichten Hinweise darauf enthalten, dass die genannten Qualitäten sowie deren Auswirkungen auf den Prozess in der einen oder anderen Form zu beobachten waren. Für die einen sind Dreh- und Angelpunkte als das, was ein Nachher von einem Vorher unterscheidbar macht, nicht als eigenständiges Geschehen fassbar (B4), während andere darin einen qualitativen Sprung erkennen, den sie zum Ziel ihrer Intervention machen (B5).

Das Passieren von – dem *Presencing* im U-Modell (Scharmer 2009a, 2009b) vergleichbaren – Dreh- und Angelpunkten zeichnet sich dadurch aus, dass es meist erst im Nachhinein erkennbar wird. Im Rückblick werden „Schlüsselmomente" (B2) erkennbar. B5 bezeichnet das Geschehen als „diskontinuierliche qualitative Sprünge" (B5, 50-51)[18]. Das Gefühl, das sich als Resultat einstellt, nennt B5 „Frieden" (B5, 381, 558), in der Qualität vergleichbar mit dem

---

18 Für B5 ist ein qualitativer Sprung das Ziel jeder Intervention im Veränderungsprozess. B5 unterscheidet Veränderungsaufträge von anderen Aufträgen, wie zum Beispiel zur Strategieentwicklung, auf die das nicht zutreffe.

Kohärenzerleben nach der Theorie der Salutogenese von Antonovsky (1997)[19] (B5, 221-226). Dreh- und Angelpunkte werden als „kleinere Kippmomente" (B3, 621) oder Mikroprozesse wahrgenommen, die scheitern können, und die die Beratungsperson nicht direkt beeinflussen kann. „Weil diese *magic moments*, also diese Wundersituationen, so punktuell gar nicht benennbar sind. Sie merken ja, dass ich hier von sich selbst verstärkenden Prozessen spreche, die, wenn sie gut designt sind, einen Raum des Sich-Ermöglichenden aufmachen, wo dann *step by step* eine Dynamik heraus aus einer schwierigen Situation möglich wird – immer mit der Gefahr, dass das auch scheitern kann, das hat man ja nicht in der Hand, als Berater schon gar nicht" (B3, 672-678).

Balance und Integration

Auf der Haltungsebene werden zunächst, als eine Art Etappenziel, Dreh- und Angelpunkte ermöglicht, die ihrerseits im Dienst der Herstellung einer umfassenden Balance und Integration stehen. Ein die Integration vorbereitender Dreh- und Angelpunkt wird erreicht, wenn das Klientensystem entdeckt, dass es selbst verantwortlich ist für die Qualität der Veränderung, und dass es Freiheitsgrade hat bei der Mitgestaltung. Das Geschehen rund um einen Dreh- und Angelpunkt ist vielfältig. Teils bewusst, teils unbewusst wird eine Entscheidung zur Umsetzung eines Denk- und Verhaltensmusterwechsels getroffen, für den ein Umbau der inneren Haltung erforderlich ist. Dieser Umbau vollzieht sich unausgesprochen und für die äußere Umgebung unsichtbar. Ein solcher Prozess ist der Phase des Rückzugs und der Reflexion nach dem U-Modell (Scharmer, 2009a, 2009b) vergleichbar, mit den Schritten: Loslassen, *Presencing*, Zulassen. Das Zusammenführen der beiden Schritte Loslassen und Zulassen (oder Kommenlassen) im *Presencing* verweist auf den integrativen, ausgleichenden Charakter der als Ergebnis angestrebten zukünftigen Haltung. Die Integrationsleistung besteht in der Positionierung – als Individuum ebenso wie als Organisation – zwischen den jeweiligen Polen verschiedener Dimensionen des Verhaltens und der Haltung. Bei einem Verhaltensmusterwechsel ist nach eingehender Betrachtung der im alten Muster enthaltenen Kompetenzen und Bewertung von deren Zukunftstauglichkeit das zukünftige Muster so zu gestalten, dass diese Kompetenzen weiter oder sogar noch besser ihre Wirksamkeit entfalten können. In der Sprache der Theorie U bedeutet dies: So viel *Downloading* wie nötig und so viel *Performing* wie möglich bei der Ausgestaltung der zukünftigen Möglichkeiten. Loslassen ist nicht als Abtrennung von all dem zu verstehen, was das Individuum oder die Organisation zu einem bestimmten Zeitpunkt ausmacht. Vielmehr besteht die

---

19 Im Konzept des Kohärenzgefühls fasst Antonovsky die drei Faktoren zusammen, die Menschen gesund und widerstandsfähig erhalten, selbst unter großen Belastungen: Verstehbarkeit, Handhabbarkeit, Bedeutsamkeit des jeweils Erlebten.

Kunst des Loslassens in der Auflösung von bestehenden strukturellen Verbindungen, so dass Teile der darin gebundenen Elemente (Merkmale, einzelne Verhaltensweisen) in neuer Form und ergänzt durch Neues anders (alternativ) wieder zusammengesetzt werden können (eine alternative Gestalt aus den gleichen oder ähnlichen Elementen zulassen). B5 nennt beispielsweise die gelungene Integration der nicht mehr als Entweder-Oder verstandenen Bedürfnisse nach Zugehörigkeit und Individualität (in Anlehnung an Helm Stierlin) „bezogene Individuation" (B5, 593-598).

Die aus den erhobenen Beispielen herausgearbeiteten Positionierungsachsen mit ihren Polen werden in der nachfolgenden Tabelle im Überblick dargestellt.

Tabelle 4: Spannungsfelder polarer Positionen

Wir brauchen oder wollen keine Veränderungsbegleitung	←→ Wir entscheiden uns bewusst, mit dem Beratersystem zusammenzuarbeiten und bleiben dabei verantwortlich sowohl für das Problem als auch für die Lösung	Wir übergeben die Verantwortung für unsere Veränderung einer externen Instanz
Abhängige Kooperation (mit Delegation der Verantwortung an den Kooperationspartner)	←→	Vermiedene Kooperationen
Loslassen	←→ Festhalten dürfen (Würdigen, Respektieren)	Festhalten um jeden Preis
Betrachtungsfokus Möglichkeiten negativen Erlebens	←→	Betrachtungsfokus Ressourcen- und Kompetenzerleben
Isolation	←→ Zwischenmenschliche Kohäsion	Grenzenlose Identifikation mit der Organisation
Individuelles Interesse	←→	Organisationsinteresse
Partikularinteressen	←→	Gemeinschaftsinteresse
Abhängigkeit vom guten Gefühl	←→	Rationale Betrachtung unter Ab-spaltung aller gefühlsmäßigen Anteile
Imitation des Modells	←→ Kontextangepasste Nutzung von Ähnlichkeiten	Ablehnen des Modells

4.2 Darstellung der Ergebnisse

Beschreibbarkeit, „Verwörterbarkeit" (B2), Versprachlichung Nicht nötig	←→ Kommunikation, adäquate Verständigung	Beschreibbarkeit, „Verwörterbarkeit" (B2), Versprachlichung Nicht möglich

Integrationsaufgaben ergeben sich auch aus der Dialektik der Organisationsentwicklung zwischen Bewahren und Innovation: „Weil was Organisationen letztlich ja immer wieder auspendeln ist die Gleichzeitigkeit von Stabilisierung und Entwicklung von neuen Lösungen" (B4, 546-548). Balance wird erreicht durch das Herausarbeiten von zukunftstauglichen Kompetenzen am alten Muster, bei dem einerseits die notwendige Distanz zum Gewohnten zu schaffen ist (Bewusstmachen des *Downloading*) und andererseits das Alte gewürdigt und mit dem Neuen verbunden wird (Umsetzen der Antworten auf die *Presencing*-Fragen: Was ist mein Selbst? Was ist meine Arbeit? im *Prototyping*). „Eine Erfindung des Neuen im Bisherigen oder umgekehrt" (B4, 563-564). Zur Reaktivierung der Erfahrung des Kompetentseins werden (mit den Methoden beispielsweise des von B5 vertretenen hypnosystemischen Ansatzes) bereits bestehende neuronale Netze genutzt. Neu entstehende Muster wirken strukturstiftend; die Würdigung des Vergangenen ermöglicht Sinnstiftung durch Reframing (Umdeutung) (B5, 85-90). Konkretes Geschehen aus der Vergangenheit dient als Material, um Bedürfnisse, die zukünftig zu beachten sind und deren Beeinträchtigung zu würdigen ist, herauszuarbeiten. Neubewertung von als dysfunktional bewertetem Verhalten wird möglich, indem es im Kontext der Bedürfnisverletzung und seiner Bedürfnisschutzfunktion (und damit als Kompetenz) gesehen wird. Im Organisationsentwicklungsprozess sind die verschiedenen Sichtweisen differenziert zu betrachten, bevor sie in eine gemeinsame Zukunftsvision integriert werden. Gebraucht wird neben kognitiver Einsicht in die sachliche Notwendigkeit der Veränderung „innere Distanzierungsfähigkeit" (B3, 749-750), um die Inkongruenz verschiedener Sichtweisen erkennen zu können. Die angestrebte Veränderung von Denk- und Verhaltensmustern erlangt ihre tiefe Verankerung, indem sie auf zukünftige Möglichkeiten ausgerichtet wird und diese zukünftigen Möglichkeiten sich in ihr bereits ansatzweise abbilden. Um das zu erreichen, ist eine möglichst konkrete, bildhafte Vorstellung von der individuellen oder organisationalen Zukunft erforderlich. Das Fehlen einer klaren Zukunftsvision oder eines genauen Bildes von der Zukunft des Unternehmens wird als möglicher Grund für die mangelnde Nachhaltigkeit des geschilderten Prozesses genannt. Ein positives Ergebnis kann ohne weiter reichende Wirkung bleiben, wenn bei der Erarbeitung allein die Erfolgsfaktoren der Vergangenheit betrachtet werden („Retrotyping" statt *Prototyping*). „Im Nachhinein [betrachtet] [...] haben die sich zwar über ihre Wurzeln verständigt, aber nicht über ihre Zukunft" (B6, 402-

404). Es gilt, die angestrebte Lösung von der Zukunft her zu schaffen und bei der Ausgestaltung von Details dieses Zukunftsbild nicht aus den Augen zu verlieren; B3 nennt dies – nach dem Ansatz des dritten Modus – „die Erfindung der Zukunft" (B3, 904; siehe auch B3, 696-699). Damit die im *Co-Presencing* entstandene Idee Wirklichkeit werden kann, sind die Schritte des *Co-Creating*, darunter vor allem das *Prototyping*, bewusst zu gestalten. Insbesondere ein symbolischer Akt unmittelbaren Handelns in diese Richtung (*act in an instant*) ist als methodischer Schritt einzuplanen, um den notwendigen Schwung für die gemeinsame Umsetzung bereitzustellen. Als ein situations- und kontextübergreifendes Haltungsziel wird die Sensibilisierung für Ungewöhnliches, die Schulung des Blicks für Überraschendes genannt (B3, 992-996). Ein Ergebnis eines gelungenen Veränderungsprozesses wäre demnach die Erweiterung der Veränderungskompetenz der beteiligten Individuen und der Veränderungsfähigkeit der Organisation.

4.2.5 Reflexion und Evaluation

Die Schlussphase im Veränderungsprozess bildet ein Innehalten zur Würdigung des erreichten Unterschieds. Erst in der Rückschau wird erkennbar, wann und wie durch das natürliche Geschehen oder die bewusst gesetzten Aktionen und Interventionen welche Wirkung erzielt wurde. Wie bereits das vorhergehende Kapitel zur Beschreibung der beobachteten Veränderungsresultate enthält auch die folgende Beschreibung der aus den Interviewaussagen abgeleiteten Hypothesen zu den Wirkfaktoren und deren Wirkweisen Interpretationen sowie Verknüpfungen mit dem in Kapitel 2 dargelegten theoretischen Rahmen dieser Forschungsarbeit.

Was hat gewirkt?

Beratungssysteme stellen Möglichkeitsräume zur Verfügung, in denen „neue strukturelle, prozessuale und kulturelle Möglichkeiten eröffnet werden" (B2, 412-413). Nur auf diese Weise können Veränderungen zweiter Ordnung statt einfacher Anpassungen geschehen. Was nach Einschätzung der Befragten gewirkt hat, ist die Verkörperung neuer Erfahrungen (*embodied knowledge*), die durch gefühlte Erlebnisprozesse „von achtungsvollem Zutrauen" (B5, 116) unterstützt wird. Als konkrete Wirkfaktoren werden genannt: „Wertorientierte Führungsleute" (B2, 594), individuelles Coaching von Führungskräften während des Organisationsentwicklungsprozesses, Konzentration und Fokussierung auf das gemeinsame Thema, physisches Präsentsein aller Beteiligten im Großgruppenprozess.

Wie?

Die Wirkweise zur Verkörperung von Erfahrung funktioniert nicht linear in einem Kausalzusammenhang, sondern netzwerkförmig im Zusammenwirken unterschiedlicher Faktoren in der sachlichen, sozialen und zeitlichen Dimension. Die Verkörperung von Erfahrung führt zur Einstellungs- oder Haltungsänderung, die sich beim Individuum sichtbar in einer veränderten Körperhaltung zeigen kann. Auf organisationaler Ebene drückt sich Einstellungs- oder Haltungsänderung durch die Art der Institutionalisierung von Wissen als Abschluss eines Veränderungs- oder Innovationsprozesses aus. Das entstehende Erfahrungsnetz in der Organisation ist ein „konzeptives Verständnis" (B2, 610) der gemeinsamen Entwicklung von Unternehmenskultur. Das Netz entsteht – individuell und organisational – auf zwei Prozessebenen: durch die Verbindung von kognitiver Einsicht (Geist) mit sinnlicher Erfahrung (Körper) und emotionalem Erleben (Seele) sowie die Synchronisation von willentlichen und unwillkürlichen internen Prozessen, auf organisationaler Ebene auch von *espoused theory* und *theory in use*. Übertragen auf die Organisation bedeutet dies, in der Kulturentwicklung eine weitgehende Übereinstimmung der verkörperten Erfahrung auf der Ebene der Artefakte mit den deklarierten und öffentlich propagierten Werten (kognitiv ausgearbeiteten Vorgaben) sowie den grundlegenden unausgesprochenen Annahmen (teilweise unbewussten individuellen Wertvorstellungen und kollektiven ethischen Prinzipien) zu erreichen. Analog zu Schein (der dafür plädiert, zur Förderung des organisationalen Veränderungsprozesses die Lust der einzelnen Organisationsmitglieder am Lernen von Neuem zu stärken statt die Angst, mit der bestehenden Verfassung der Organisation nicht überleben zu können, zu steigern) fordert B5, mit den Interventionen im Veränderungsprozess die Rückbesinnung auf oder die Stärkung von bereits erfahrener "Veränderungskompetenz" (B5, 78), von emotional positiv konnotierten "Erlebnisprozessen, die einhergehen mit Achtung, Wertschätzung, Zuversicht, Kraft, Würdigung für das Bisherige und mit dem Erleben von [dem Gefühl]: das, was ich anstrebe, macht mir Sinn und kann mir was Ersehntes bringen" (B5 80-82).

5 Diskussion

In der nachfolgenden Diskussion sind drei Bereiche miteinander zu verknüpfen: Die Theorie U und der systemtheoretische Bezugsrahmen sowohl der Theorie U als auch der gesamten Vorgehensweise der vorliegenden Arbeit, die ursprüngliche Forschungsfrage und die Ergebnisse der Interviewdatenauswertung. In den beiden nachfolgenden Kapiteln 5.1 und 5.2 werden zunächst die relevanten theoretischen Aspekte sowie die wesentlichen empirischen Ergebnisse zusammengefasst. In Kapitel 5.3 werden die Ergebnisse mit der Theorie verknüpft, bevor in Kapitel 5.4 vor dem Hintergrund der Ausgangsfragestellung Hypothesen und weiter führende Theorieansätze entwickelt werden. Vor dem Ausblick auf mögliche Anwendungen der Untersuchungsergebnisse in Kapitel 5.6 wird in Kapitel 5.5 das methodische Vorgehen kritisch betrachtet.

5.1 Zusammenführung relevanter theoretischer Aspekte

Beim Durchlaufen von Dreh- und Angelpunkten (Kapitel 2.4) passiert Kontextualisierung einer Einsicht: Im aktuellen Erfahren wird eine kognitive Einsicht mit einer emotionalen Erfahrung oder Erinnerung sowie mit einer körperlichen Empfindung verknüpft. Die Bedingungen und Wirkweisen solcher Momente lassen sich auf einer Ebene der Beobachtung zweiter Ordnung erkunden und beschreiben. Mit dieser Beobachtungsübung wird die Binnenkomplexität des Beobachters gesteigert, so dass er in die Lage versetzt wird, die Vorboten entscheidender Wendungen im Veränderungsprozess innerhalb der allgemeinen Komplexität des Lebens und Erlebens überhaupt wahrzunehmen. Im nächsten Schritt kann daraus eine Vorgehensweise zur Steuerung der Veränderung entwickelt werden. Im kybernetischen Denkmodell weitergedacht, stellt ein magischer Moment als ein gelingender oder über sich hinausweisender (transzendenter) Augenblick ein Phänomen dritter Ordnung dar. Das Zustandekommen solcher Momente und ihr Gegenwärtigwerden durch das Subjekt wird im begleiteten Veränderungsprozess durch Moderation dritter Ordnung unterstützt.

Nach Schein (Kapitel 2.5) können drei Ebenen der Organisationskultur unterschieden werden, die sich nach der Möglichkeit ihrer bewussten Beeinflussung unterscheiden. Die oberste Ebene der nach außen hin sichtbaren, explizit

5.1 Zusammenführung relevanter theoretischer Aspekte

wirksamen Artefakte ist steuerbar; die mittlere Ebene der öffentlich propagierten Werte ist teils explizit, teils implizit wirksam und bedingt steuerbar; die tiefste Ebene der grundlegenden unausgesprochenen Annahmen ist implizit wirksam und nicht steuerbar. In seinen Ausführungen zu Angst und Sicherheit im Management (Kapitel 2.6.6) weist Schein darauf hin, dass Musterwechsel unausweichlich werden, wenn Veränderungen im Kontext, in der äußeren Umwelt, die weitere Orientierung an Mustern der Vergangenheit (*Downloading*) unmöglich machen. Motivation für Veränderung entsteht im Spannungsfeld zwischen zwei unvermeidlichen Ängsten: Existenzangst und Angst vor dem unbekannten Neuen. Das betroffene System (Individuum oder Orgnisation) lernt, wenn seine Existenzangst grösser ist als die Angst vor Neuem. Die Qualität des Lernprozesses ist allerdings jeweils eine andere, wenn die Existenzangst grösser wird oder die Angst vor dem Neuen geringer wird. Im ersten Fall ist der Fokus auf die Lösungsmöglichkeiten eingeschränkt und eng, im zweiten ist er offen und weit. Der Schwung für die Aufwärtsbewegung, den kreativen oder co-kreativen Prozess entlang des rechten Schenkels des U, entsteht durch die Schaffung von Bedingungen, die den schöpferischen Prozess begünstigen, indem sie die Angst vor der leeren Leinwand (die Angst vor dem Neuen) vermindern oder gar nicht erst aufkommen lassen. Die Schritte des U-Prozesses unterstützen Führungskräfte und Veränderungsbegleiter dabei, statt dem Leidensdruck (Existenzangst) die positive Haltung gegenüber dem Lernen von Neuem – und damit die Unsicherheitstoleranz im Stadium der vorübergehenden Inkompetenz – zu steigern.

Scharmers Theorie U (Kapitel 2.6) ist sowohl Handlungsanleitung als auch Erklärungsmodell für Veränderungs- und Lernprozesse (in der individuellen und organisationalen Entwicklung). Sieben Grundhaltungen oder Handlungsmodi bilden die Schritte des U-Prozesses; sie unterscheiden sich durch die darin wirksame Feldstruktur der Aufmerksamkeit. Die Detailschritte lassen sich drei Grundbewegungen zuordnen: Beobachten, Rückzug und Reflexion, Handeln (*act in an instant*). In der entscheidenden Phase des Rückzugs und der Reflexion wird beim *Presencing* über das Erschliessen von *open mind, open heart, open will* Zugang zu selbsttranszendierendem Wissen gewonnen. Die Verkörperung (Bewusstmachung) dieses Wissens beginnt mit der Beantwortung der beiden sinn- und identitätsstiftenden Fragen: Was ist mein Selbst? Was ist meine Arbeit? Auf dem Weg zu diesen Antworten sind nacheinander drei Hindernisse zu überwinden: *Voice of Judgment, Voice of Cynicism* und *Voice of Fear*. Die Überwindung dieser Hindernisse geschieht in einem Selbstreflexionsprozess und kann durch eine Veränderungsbegleitung (Moderation zweiter und dritter Ordnung) unterstützt werden. In beiden Fällen wird schöpferische Arbeit geleistet (*Creating, Co-Creating*), die zu einem Wechsel von Denk-, Haltungs- und Verhaltensmustern führt. Die Co-Subprozesse der Theorie U sowie die ihnen zugeordneten unterschiedlichen Feldstrukturen der Aufmerksamkeit differenzieren verschiedene Qualitäten der sozialen Dimension nach Luhmann aus (Kapitel 2.7.1).

Zum eklektischen Charakter der Theorie U ist anzumerken, dass die im Rahmen des U-Prozesses von Scharmer beschriebenen Einzelphänomene zwar nicht grundlegend neu sind. Jedoch ist die originäre Leistung Scharmers zu würdigen, mit der er eine Vielfalt an verschiedenen Konzepten zu einem emergenten Ganzen verknüpft und die nur scheinbar offensichtlichen Zusammenhänge verständlich dargelegt hat. Sein selbstverständlicher Einbezug von individuellen Werten, Haltungen und Einstellungen, Intuition und Emotionen in die Führungstheorieentwicklung begünstigt notwendige Denkmusterwechsel (Kapitel 2.2). Er leistet einen Beitrag zum Verständnis schöpferischer Prozesse in der (Selbst)Führung, die die Komplexität von Führungsaufgaben und Führungskontext (mit)bestimmen und beim Design von Instrumenten zum Umgang mit Kontextkomplexität zu berücksichtigen sind. Führungskräfte und Beratende erhalten neben der Handlungsanleitung für die Begleitung von Change-Prozessen ein Instrument zur Selbstreflexion. Die Erhöhung ihrer eigenen Binnenkomplexität durch den Einbezug von vorher nicht oder wenig beachteten Faktoren macht sie besser tauglich für die Begegnung mit der sich steigernden und wandelnden (emergenten) Komplexität (vgl. Kapitel 2.6.1) ihres Führungsalltags.

Scharmer unterscheidet vier Ebenen des Lernens und der Veränderung, die mit unterschiedlichen Quellen der ausgeübten Handlung in Verbindung stehen: *Reacting, Redesigning, Reframing, Regenerating* (Kapitel 2.6.1). Der Umgang mit den jeweils zugeordneten unterschiedlichen Komplexitätsstufen, Quellen der Wissensgenerierung und Operationsweisen macht unterschiedliche Modi der Beobachtung nach der Kybernetik erster, zweiter und dritter Ordnung erforderlich. In der folgenden Tabelle 5 werden die von Scharmer in seinem Modell aufgeführten Perspektiven, Komplexitätsstufen sowie Ebenen des Lernens und der Veränderung ergänzt um die Formen organisationalen Lernens nach Argyris und Schön (Kapitel 2.3) sowie die Beobachtungsmodi nach der Kybernetik erster, zweiter und dritter Ordnung.

Tabelle 5: Zusammenführung der Theorie I
Ebenen des Lernens und der Veränderung in Bezug auf das Ausmaß der möglichen Komplexität sowie der Formen organisationalen Lernens (nach Scharmer 2009b, S. 72, ergänzt)

Perspektive	Komplexitätsstufe	Lernhandlungen und Ebenen der Verwurzelung des Wissens	Lernformen / Operationsweisen nach der Theorie U	Modus der Beobachtung
Manifeste Handlung		1. *Reacting*: Aktion, Reagieren	*Single-loop learning* *Downloading*	Kybernetik 1. Ordnung
Prozess, Struktur	Dynamische Komplexität	2. *Redesigning*: Prozesse, Strukturen	*Double-loop learning* *Seeing*	Kybernetik 2. Ordnung
Denken	Soziale Komplexität	3. *Reframing*: Denken, Annahmen	*Double-loop learning* *Sensing*	Kybernetik 2. Ordnung
Quellen der Intention und Kreativität	Emergente Komplexität	4. *Regenerating*: Selbst, Wille	*Presencing*	Kybernetik 3. Ordnung

Die von Luhmann definierte prozesshaft andauernde Qualität von Gegenwart beschreibt die Gegenwärtigkeit des *Presencing* (die Gleichzeitigkeit der Wahrnehmung von Unschärfe und Fokus, Rauschen und Information), in der das psychische oder soziale System entscheiden kann, die weitere Konstitution seines Sinns nicht an den Mustern der Vergangenheit, sondern an den zukünftigen Möglichkeiten auszurichten. Mit der Kommunikation aus der Operationsweise des *Presencing* heraus wird Sinn in der sachlichen und in der sozialen Dimension (als Beitrag zur Identität) sowohl auf der Ebene des Individuums als auch der Organisation konstituiert mit der Beantwortung der Fragen „Was ist mein Selbst?" und „Was ist meine Arbeit?".

In Anlehnung an eine Aufstellung von Zirkler zu den Ebenen der Operationslogik in Organisationen (siehe Anhang 6.2.1) lassen sich den systemtheoretischen Ebenen sowie ihren entsprechenden Modi und Gegenständen der Beobachtung psychologische Kategorien zuordnen. Ebenfalls zugeordnet werden können die drei Ebenen der Unternehmenskultur nach Schein (Kapitel 2.4) als die Gegenstände der Veränderung:

Tabelle 6: Zusammenführung der Theorie II
Ergänzung Psychologische Kategorien und Kulturebenen nach Schein (1995)

Systemtheoretische Ebenen	Modi und Gegenstände der Beobachtung	Psychologische Kategorien	Kulturebenen nach Schein (1995)
1. Ordnung	Kybernetik 1. Ordnung: Nachdenken über Erlebtes	Kognition; Denken	Artefakte
2. Ordnung	Kybernetik 2. Ordnung: Beobachtung des Beobachters, mitfühlen mit dem Beobachter, Perspektivenwechsel	Emotion; Fühlen	Öffentlich propagierte Werte
3. Ordnung	Kybernetik 3. Ordnung: Emergente Phänomene; Transzendenz (durchdringen zum Zukünftigen; wahrnehmen, was jenseits der gegenwärtigen Erfahrung liegt)	Ästhetik, Liebe, Transzendenz, Spiritualität; ganzheitliches Wahrnehmen mit Geist, Seele und Körper	Grundlegende unausgesprochene Annahmen

In einem weiteren Verknüpfungsschritt lässt sich die Hypothese aufstellen, dass die offizielle handlungsleitende (*espoused*) Theorie aus der zweiten Ebene heraus deklariert wird, während die im Gebrauch angewandte Theorie (*in use*) ihre Wurzeln in der untersten Ebene der Organisationskultur hat, in den unausgesprochenen Annahmen, die die Haltung des individuellen Anwenders ausmachen. Die praktischen Resultate aus der Anwendung beider Theorien werden jeweils auf der obersten Ebene (Artefakte) sichtbar.

5.2 Empirische Ergebnisse: Das Wesentliche

Die Befragten beschreiben die von ihnen gewählten Beispielfälle als mehr oder weniger gut vorankommend in Richtung einer Lösung oder Verbesserung der Ausgangssituation. Den Dreh- und Angelpunkten nähern sie sich in ihren Beschreibungen des Unterschieds von Vorher und Nachher indirekt an. Wahrgenommen und beschrieben werden sowohl förderliche als auch hinderliche Bedingungen für das Zustandekommen eines Schwenks (am Dreh- und Angelpunkt) in Richtung Gelingen des Veränderungsprozesses. Bei den Interventionen liegt der Schwerpunkt auf analogen und symbolischen Verfahren, die auf eine Veränderung des Aufmerksamkeitsfokus hinarbeiten. Der Einfluss von Beziehungen und Beziehungspflege wird von den Interviewten auf mehreren Ebenen als bedeutsam erachtet: Beobachtet werden die Beziehungen innerhalb des Klientensystems, zwischen Klientensystem und dessen Umgebung sowie zwischen Klientensystem und Beratersystem. Die Beratungsperson steuert den Prozess zu einem großen Teil durch ihre professionelle und persönliche Haltung, die von ihren Interventionen nicht zu trennen ist. Die soziale Dimension bietet größeren Freiraum bei der Prozessgestaltung und damit mehr Einflussmöglichkeiten für den Veränderungsbegleiter als die sachliche Dimension. Diese fordert vom Begleiter Anschlussfähigkeit an die operativen Aufgabenstellungen. Der Blick zurück in die Vergangenheit und der Blick nach vorn in die Zukunft werden nacheinander im Prozess eingesetzt, beides mit dem Ziel, eine Lösung zu gestalten. Bereits Erlebtes und unbekannte Möglichkeiten des Erlebens werden differenziert und differenzierend einander gegenübergestellt. Der Blick zurück in die Vergangenheit (Diagnose, Entstehungsgeschichte) ist ein Mittel, um ein besseres Verständnis herzustellen und die eigenen Kompetenzen kennen zu lernen. Als Arbeitsschritt bedeutsamer ist jedoch der Blick nach vorne in die Zukunft: Wie setze ich das, was durch vergangene Erlebnisse als Kompetenz entstanden ist, für die Gestaltung der wünschenswerten Zukunft ein? Beim Prozessdesign und bei der Wahl der einzelnen Interventionen geht es um ein kontextangemessenes ausgewogenes Verhältnis von Vergangenheitsbetrachtung und Zukunftsausrichtung (Durchlaufen aller Schritte vom *Downloading* über das *Seeing* und *Sensing* bis zum *Presencing* und nach dem Loslassen Zeit nehmen für ein erwartungsfreies Aushalten der leeren Leinwand) und um ein ausreichendes Gewicht auf ersten konkreten Umsetzungsschritten (*Crystallizing* und *Prototyping, act in an instant*). Das von den Interviewpartnern mehrfach hervorgehobene „Bereitstellen von Möglichkeitsräumen" als zentrale Aufgabe der systemischen Beratung bedeutet in der Sprache der Theorie U: eine leere Leinwand bereitstellen und den Blick schwenken von der Reproduktion zur kreativen Innovation.

5.3 Zusammenführung: Theorie und empirische Ergebnisse

Trotz der Diversität der Fallbeispiele weisen die Aussagen der Interviewpartnerin und der Interviewpartner einen hohen Deckungsgrad auf. Phasen, Teilprozesse und Ebenen der Theorie U sind in allen geschilderten Prozessen wiedererkennbar, auch wenn die Befragten ihren expliziten Einsatz verneinen. Sie findet sich in deren Beobachtungen implizit vor allem als Erklärungsmodell wieder. Als Handlungsanleitung wird sie nicht deklariert und ist auch implizit als solche kaum auszumachen. Was eine Handlungsanleitung für einen Praktiker interessant macht, ist ihre Originalität und Einzigartigkeit – das, was sie von anderen Handlungsanleitungen abhebt. Die Theorie U mit ihrer Vielschichtigkeit und ihren teils deutlichen Anklängen an andere Theorien könnte unter diesem Aspekt weniger attraktiv sein für einen bewussten Einsatz bei der Interventionsplanung. Als Erklärungsmodell dagegen ist sie gerade wegen ihrer interdisziplinären Verzweigung gut geeignet. Ihre Zusammenführung von verwandten Ansätzen erhöht ihre Tauglichkeit als Selbstreflexions- und Reflexionsinstrument.

Beschrieben werden insbesondere gemeinsame Prozesse, die den fünf Gruppen-Teilprozessen der Theorie U vergleichbar sind: *co-initiating, co-sensing, co-presencing, co-creating, co-evolving*. In Beratung finden immer gemeinsame Prozesse statt – kreative Prozesse im Klientensystem stehen im Dialog mit kreativen Prozessen im Beratersystem und im Akt der Begegnung entstehen (emergente) co-kreative Prozesse.

Die Interviewten schildern deutlich mehr Beobachtungen zu den Bedingungen von Dreh- und Angelpunkten als zu ihren Wirkweisen oder zur mittelfristigen Stabilisierung von deren Ergebnissen. Die Beratenden erinnerten sich – in Bezug auf Gruppenprozesse – relativ gut an den jeweils starken unmittelbaren Effekt von Dreh- und Angelpunkten und die kreative Aufbruchstimmung, die dadurch im Prozess entstanden ist. Sie mussten aber meist einräumen, dass Monate oder Jahre später keine bleibende Veränderung sich durchgesetzt hatte. Grund dafür könnte sein, dass im begleiteten Teil des Veränderungsprozesses zu wenig Aufmerksamkeit auf den co-kreativen Teil des Prozesses gelegt wurde (*Crystallizing* und *Prototyping* vor Ort gemeinsam mit der ganzen Gruppe). Die Phase Handeln wird zwar meist kognitiv sorgfältig geplant (Maßnahmenpläne), selten aber mit einer gemeinsamen sinnlichen Erfahrung, einem kollektiven guten Gefühl verknüpft. Insbesondere der Arbeitsschritt *act in an instant* kann zu diesem Zweck genutzt werden, indem die gemeinsame Veranstaltung mit einer symbolischen, aber gleichzeitig konkreten Handlung abgeschlossen wird, die einen ersten Veränderungsschritt vollzieht oder zumindest vorbereitet. In diesem Zusammenhang ist ein Erfolgsfaktor die Ausgewogenheit zwischen dem in die Vergangenheit gerichteten Blick (notwendiges *Downloading* zur Herausarbeitung von Kompetenzen) und der Ausrichtung auf die zukünftigen Möglichkeiten (Prototypen der wünschenswerten zukünftigen Zustände schaffen und im *Performing* vervielfachen).

5.4 Beantwortung der Fragestellung und Hypothesenbildung

Die Forschungsfrage für die empirische Untersuchung der vorliegenden Arbeit lautet: Welche Bedingungen und Wirkweisen von Dreh- und Angelpunkten in Veränderungsprozessen nehmen professionelle Beobachter des Praxisfelds Organisationsberatung wahr, und wie erklären sie sich das, was sie beobachten?

Im deskriptiven Teil der Ergebnisdarstellung konnten sowohl Bedingungen als auch Wirkweisen von Dreh- und Angelpunkten in Veränderungsprozessen beschrieben werden, die von den Interviewpartnern und der Interviewpartnerin beobachtet wurden. Aus den geschilderten Beobachtungen und ihren Bewertungen durch die Veränderungsbegleitenden können Aussagen über die Haltung der Beratungsperson gegenüber dem Prozess abgeleitet werden. Die Wirkweise des Beratereinsatzes kann zusammenfassend in vier Schritten entlang der drei Sinndimensionen nach Luhmann (1978b; Kapitel 2.6 der vorliegenden Arbeit) beschrieben werden:

1. Auf der Sachebene als Berater über längere Zeit sich wiederholende Muster beobachten (das Klientensystem beim *Downloading* beobachten).
2. Auf der Sozialebene diese Beobachtungen dem Klientensystem zur Verfügung stellen, um damit die Selbstbeobachtung des Klientensystems anzuregen bzw. zu erweitern (*Co-Sensing*).
3. Auf der Sozialebene über die Zeit Vertrauen aufbauen durch professionelles Handeln, Verlässlichkeit, Allparteilichkeit.
4. Auf der Zeitebene Zeit und Geduld durch modellhaftes Handeln ins System einspeisen; die Reifung des Systems abwarten (*Co-Presencing*).

Im folgenden interpretativen Teil wird ein Sinnzusammenhang zur Einordnung des geschilderten Geschehens rekonstruiert. Aus diesem möglichen Erklärungsmodell für das, was den schöpferischen Charakter von begleiteten Veränderungsprozessen ausmacht, lassen sich abschließend Hypothesen für die weitere Bearbeitung ableiten.

Aus welchen Schritten könnte ein schöpferischer Prozess in der Führung oder der Veränderungsbegleitung bestehen? Nach den Einschätzungen der Interviewpartner folgt in einem solchen Prozess die Beratungsperson einer verbindlichen Grundhaltung und variiert die eigene Rolle dem Kontext entsprechend. Dies ist die Quelle, aus der heraus die Beratungsperson im Beratungssystem die gemeinsamen Prozesse gestaltet, um auf Resultate (Lösungen für das Klientensystem) hinzuarbeiten. Gefragt ist die Kunst einer Begegnung: die Kunst des Sich-Begegnens in der Beratungssituation. Diese Begegnung ist ein vielschichtiger Erlebnisprozess. Sie erfordert Demut, sich dem anzuvertrauen, was sich zeigt, und die Fähigkeit zur respektvollen Wahrnehmung der Kompetenzen, die schon da sind. Der Berater schliesst an die Sachebene an, gestaltet die Beziehungsebene mit und arbeitet auf Integration hin. Mit jedem dieser drei Schritte wird eines der drei Hindernisse bearbeitet, die nach der Theorie U der Klärung der inneren Haltung des agierenden Subjekts entgegenstehen: *voice of judgment, voice of cynicism, voice of fear*. Der gesamte Prozess verläuft nicht linear, sondern zirkulär und oszillierend zwischen den einzelnen Schritten; Anpassungen und Variationen sind in allen drei Bereichen immer möglich. Gleichzeitig wird an der Öffnung von Geist, Herz und Willen gearbeitet, werden Denken, Fühlen und Wollen eingesetzt. Dazu ergänzt Walter Häfele in einer E-Mail vom 12. Oktober 2012, was im Nachgang des Interviews als Antwort „auf die Frage nach dem Wesentlichen in Beratungen – egal in welchem Kontext – (...) (als) Konzentrat aufgetaucht (ist): liebevolles Begegnen."

Sachdimension	Sozialdimension	Zeitdimension
Einen sachlichen Kontext vorfinden & sich an diesen anschliessen.	Einen emotionalen Rahmen vorfinden & diesen (mit)gestalten.	Auf die Weisheit des Prozesses vertrauen & diese aktiv nutzen.
Voice of Judgment	**Voice of Cynicism**	**Voice of Fear**
Open Mind: Kognition	*Open Heart: Emotion*	*Open Will: Integration Embodying of Knowledge*

Abbildung 6: Theorie aus der Anwendung

Schritte des schöpferischen Prozesses in der Führung und in der Veränderungsbegleitung vor dem Hintergrund der Sinndimensionen nach Luhmann (1987b; siehe Kapitel 2.7.1) sowie der Instrumente und Hindernisse der Veränderung nach Scharmer, (2009a, 2009b; siehe Kapitel 2.6.5)

Von der Beratungsperson werden drei Kompetenzen gefordert: Anschlussfähigkeit an den sachlichen Kontext, Gestaltungsfähigkeit in Bezug auf den sozialen und emotionalen Kontext, Integrationsfähigkeit im Umgang mit den beiden Perspektiven Vergangenheit und Zukunft. Im ersten Schritt überprüft die Beratungsperson ihre Tauglichkeit für die ihr gestellte Aufgabe. Durch Einschwingen ins vorgefundene *Downloading* sowie durch *Re-Entry* der eigenen Beobachtungen zweiter Ordnung ins Klientensystem treibt sie das *Co-Initiating* voran. Im zweiten Schritt erreicht die Beratungsperson Anschluss an den sozialen Kontext, indem sie sich demütig in die Begegnung und auf den gemeinsamen Prozess einlässt („liebevolles Begegnen", Walter Häfele). Im dritten, dem produktiven gemeinsamen Arbeitsschritt, gilt es, das Geschehen weiterhin zu reflektieren und

5.4 Beantwortung der Fragestellung und Hypothesenbildung

durch Moderation dritter Ordnung die Co-Prozesse zum Erlernen neuer Denk-, Haltungs- und Verhaltensmuster gezielt zu fördern. Varianz zeigt sich in unterschiedlichen Zugängen und Schwerpunktsetzungen bei der Bearbeitung der einzelnen Schritte: Herausarbeiten der Kompetenzen aus den alten Mustern, Zukunftsbilder ausmalen, *act in an instant*, Linearisierung und Vernetzung der jeweiligen Zwischenergebnisse.

Besonderes Augenmerk liegt auf der Überwindung der Angst, die durch die Integrationsleistung erreicht wird, mit der Vergangenheit und Zukunft miteinander in produktive Resonanz gebracht werden. Die folgende Übersicht veranschaulicht das Spannungsfeld der beiden Ängste, die auf das lernende Individuum oder die lernende Organisation einwirken, sowie die Aufgaben, die im Umgang mit den beiden zeitlichen Perspektiven zu erfüllen sind, um diese Resonanz herzustellen:

EXISTENZANGST
- Angst, in der sich ändernden Umwelt nicht überleben zu können
- Angst, mit dem Festhalten an der Reproduktion bekannter Muster für neue Umgebungen nicht mehr tauglich zu sein

ANGST VOR DEM UNBEKANNTEN NEUEN
- Horror vacui
- Unsicherheit & Risiko: Wird ein neuer Halt entstehen, wenn der alte losgelassen wird?
- *One Way*: Veränderung ist ein irreversibler Prozess (Entropie) – der alte Zustand ist nie vollständig wieder herstellbar.

VERGANGENHEIT
Bewahren: Kompetenzen von den (dysfunktionalen) alten Mustern abstrahieren

ZUKUNFT
Erneuern: Innovation herbeiführen

- Erkunden
- Kompetenzen & Ressourcen aufspüren
- Würdigen

- Ein Bild machen (Vision)
- Mit klarer Absicht aus der Vielfalt an Möglichkeiten wählen
- Gestalt geben: *Prototyping, Embodying*
- *Act in an instant*

Abbildung 7: Schema zur Überwindung der *Voice of Fear*

Einige der Prozesse, die Schein (Kapitel 2.6.6) vorschlägt, um die Angst vor Neuem zu reduzieren und schöpferisches Lernen zu fördern finden ihre Entsprechung in der Handlungsanleitung der Theorie U: Beim *Co-Sensing* entsteht ein Klima der Unterstützung und Ermutigung, im *Co-Presencing* wird eine attraktive Zukunftsvision – ausgerichtet am höchsten zukünftigen Selbst – erarbeitet; durch *Prototyping* und *Embodying* werden eine klare Zielrichtung vorgegeben und erste Schritte der Umsetzung ermöglicht *(act in an instant)*; beim *Co-Creating* (in co-kreativen Prozessen) werden alle von der Kulturveränderung Betroffenen am Prozess beteiligt; durch sämtliche Co-Prozesse wird Lernen in Gruppen angeregt; mit dem *Prototyping* wird ein Übungsfeld zur Verfügung gestellt; Führungskräfte als vorangehende Protagonisten und Veränderungsbegleiter, die die Theorie U implizit oder explizit als Erklärungsmodell und Handlungsanleitung nutzen, wirken als Rollenmodelle und Coachs. Durch die Nutzung und Verstärkung der im natürlichen Veränderungsprozess ohnehin durchlaufenen, in den Grundhaltungen oder Handlungsmodi sowie den Umschlagpunkten der Theorie U beschriebenen Schritte kann die Notwendigkeit einer Steigerung des Leidensdrucks (Existenzangst) in ein dynamisches Fließgleichgewicht zur Reduktion der Angst vor dem Lernen (der Unsicherheit im Umgang mit unbekanntem Neuem) überführt werden, das zur Quelle für mögliche Zukunftsentwürfe wird. Dieses Fließgleichgewicht entsteht im *Presencing* durch die Gleichzeitigkeit von Offenheit für alle potenziellen Möglichkeiten und klarer Absicht in der Fokussierung auf das höchste zukünftige Selbst.

Aus den Forschungsergebnissen der vorliegenden Arbeit und deren Interpretation lassen sich folgende Hypothesen ableiten:

Hypothese 1: *Downloading* kann aufrecht erhalten werden, selbst wenn diese Haltung als unbefriedigend empfunden wird, so lange die Angst vor dem Lernen grösser ist als die Existenzangst (die Angst, dass das Festhalten an alten Mustern die zukünftige Umwelttauglichkeit gefährdet).

Hypothese 2: Ein Kippmoment oder Dreh- und Angelpunkt zeichnet sich aus durch das gleichzeitige Gewahrwerden von Unsicherheit und Sicherheit, von Bedrohtsein und Zuversicht.

Hypothese 3: Schöpferische Prozesse im Change Management dienen der Förderung von Selbsterkenntnisprozessen der Organisation und der Bewältigung von Sinnkrisen (sinnstiftende Prozesse). Ein erfolgreicher Veränderungsprozess auf einer tieferen Kulturebene muss nicht notwendig große Veränderungen auf der Ebene der sichtbaren Artefakte hervorbringen. Die veränderte innere Haltung bleibt unsichtbar, auch wenn sie sich stark verändert hat.

Hypothese 4: Die angestrebte zukünftige Möglichkeit motiviert umso mehr, je deutlicher sie sich vom alten Muster unterscheidet und je stärker sie zur Sinnstiftung sowie zur Sicherheitsüberzeugung beiträgt. Überzeugende zukünftige Möglichkeiten erhöhen die Lust aufs Lernen von Neuem und ermöglichen die Loslösung von Existenzangst.

Hypothese 5: Der Schwenk im Aufmerksamkeitsfokus (die Ausrichtung auf ein erarbeitetes neues Muster) bleibt nicht erhalten (der Attraktor setzt sich nicht durch), wenn dem Arbeitsschritt des *act in an instant* nicht ausreichend Bedeutung zugemessen wird und er deshalb nicht durch Interventionen aktiv herbeigeführt und abschließend begleitet wird.

5.5 Kritische Betrachtung von Studiendesign und methodischem Vorgehen

Der Auseinandersetzung mit der Theorie U wurde viel Raum gegeben. Dies ist allerdings notwendig, um ihre komplexe und vielfach selbstreferenzielle Struktur im gewählten Praxiskontext beobachteter Veränderungsbegleitung anwendbar zu machen. Aspekte aus verschiedenen Theorien werden sowohl im Theorieteil, als auch in der Diskussion zusammengeführt, da die Verknüpfung erst durch Feedbackschlaufen im Prozess der Datenauswertung entstanden ist.

Bei der Datensammlung, -aufarbeitung und -auswertung im Rahmen einer Abschlussarbeit wird eine Methode deklariert (*espoused methodology*), von der die rückblickend beschriebene tatsächliche Vorgehensweise (*methodology in use*) mehr oder weniger stark abweichen kann. Der fertige Text spiegelt die zirkuläre Vorgehensweise bei seiner Entstehung wider. Die gewählte Vorgehensweise war an regelmäßige Selbstreflexionsschlaufen geknüpft. Sie wurde laufend hinterfragt und damit selbst auf einem Nebenstrang dauernd Gegenstand der Bearbeitung, deren Resultate als Re-Entry wieder in den Arbeitsprozess eingespeist wurden. In den Theorieteil wurden beispielsweise Definitionen nachträglich aufgenommen, die von Interviewpartnern für die im Rahmen der Fragestellung diskutierten Begriffe angeboten wurden (Magic Moments, Dreh- und Angelpunkte im Veränderungsprozess). Die Darstellungsweise im Ergebnisteil bildet die Schritte des methodischen Vorgehens ab und trägt damit zu der als Gütekriterium qualitativer Forschung geforderten Nachvollziehbarkeit der Schlussfolgerungen bei.

5.5.1 Stichprobe und Generalisierbarkeit der Ergebnisse

Die in Kapitel 3.2.4 geschilderte Vorgehensweise stellt zwar die Nachvollziehbarkeit der Theorieentstehung sicher, eine über die Gruppe der Interviewten hinausgehende Generalisierung der erarbeiteten Interpretationen ist jedoch nicht möglich (vgl. die Ausführungen zum *theoretical sampling* in Kapitel 3.1 der vorliegenden Arbeit). Die interviewten Personen wurden gezielt ausgewählt und angesprochen, teilweise über direkten Kontakt. Sie bilden von ihrem theoretischen und Erfahrungshintergrund her ein homogenes Sampling mit lediglich leicht voneinander abweichenden Auffassungen. Dazu in extremem Gegensatz stehende Fälle, wie von der GTM gefordert, wurden nicht gezielt für eine Ausweitung der Stichprobe akquiriert. Aufgrund dieses Umstands sowie der kleinen Anzahl von Fällen konnte eine theoretische Sättigung nicht erreicht werden. Interessant wären eine Ausweitung der Befragung auf Vertreter anderer theoretischer Schulen als der systemischen Organisationsberatung sowie ein Vergleich der Ergebnisse von verschiedenen homogenen Gruppen. Durch Verstärkung der Parallelführung und wechselseitigen Modellierung von Erhebungs- und Auswertungsprozess könnte eine weitere Verdichtung des Untersuchungsmaterials erreicht werden.

5.5.2 Datenerhebung

Bei der Datenerhebung zeigte sich besonders die Vielschichtigkeit und Zirkularität des qualitativen Forschungsprozesses. Die Forscherin in der Rolle der Interviewerin führt in Interaktion mit dem oder der Interviewten Gespräche und agiert dabei als Beobachterin 1. Ordnung. In diesen Interviews reflektieren Interviewerin und Interviewte ihre jeweiligen Beobachtungen zweiter Ordnung von Veränderungsprozessen, an denen sie beteiligt waren. Das tut das Interviewsystem, bestehend aus der interviewten Person und der Interviewerin, mit dem Ziel, daraus Beschreibungen und Erklärungen für Phänomene an der Grenze zur dritten Ordnung (Dreh- und Angelpunkte, Kippmomente) abzuleiten. Das wiederum wertet die Interviewerin als Beobachterin zweiter Ordnung aus, in ihrem Versuch, eine Varianzaufklärung hinsichtlich der Voraussetzungen und Bedingungen für das Zustandekommen solcher Momente vorzunehmen.

5.5.3 Datenauswertung

Bei der Untersuchung der Beispielfälle wurde nicht nach organisationalen und individuellen Prozessen unterschieden. Für eine getrennte Untersuchung von Organisationsentwicklungsprozessen und persönlichen Coachingprozessen war die Stichprobengrösse und -diversität nicht ausreichend. Von Vorteil war in diesem Fall die Auswertung des Datenmaterials nach der GTM, die von Anfang an eine vernetzte Betrachtung der Sinnzusammenhänge ermöglichte im Unterschied zur stärker linearen Vorgehensweise der qualitativen Inhaltsanalyse nach Mayring (vgl. Kapitel 3.1 und 3.2). Die vielfältigen Querverbindungen und zirkulären Bezüge zwischen Theorie und Interviewaussagen konnten so im Auswertungsprozess von Anfang an berücksichtigt werden.

5.6 Ausblick

Als Handlungsanleitung zielt die Theorie U auf eine Öffnung der Perspektive statt auf Verengung, wie dies beim Lernen unter Existenzangst der Fall ist. Mit einem zu schnellen Schritt weg vom *Downloading* würde sie allerdings zu kurz

5.6 Ausblick

greifen. Am Umschlagpunkt des Loslassens könnte ein differenzierter Umgang mit den als dysfunktional erachteten Mustern der Vergangenheit sinnvoll sein – es gilt, die darin enthaltenen Kompetenzen aufzuspüren und mit dem daraus entstehenden Kompetenzgefühl den Schwung für die Aufwärtsbewegung des co-kreativen Aufbauprozesses zu generieren. Auf der anderen Seite können Interventionsprogramme, die in vergleichbaren Schritten von alten zu neuen, zukunftstauglichen Mustern überleiten, ihre Wirksamkeit erhöhen, indem sie sich systematisch an den Aufbauschritten (*Crystallizing, Prototyping, Performing*) und entsprechenden Umschlagpunkten (*Letting come, Enacting, Embodying*) der Theorie U orientieren. Für ein nachhaltiges Veränderungsergebnis gilt es, nicht nur eindrückliche Zukunftsbilder zu entwerfen, sondern insbesondere den Schritt des *act in an instant* in die Tat umzusetzen, um diesen Bildern konkret Gestalt zu geben. Die veränderungsbegleitende Beratung im Organisationsentwicklungsprozess bietet den beteiligten Führungskräften ein Modell an für die Gestaltung sozialer Prozesse. Die durch den begleiteten Veränderungsprozess verbesserte Veränderungskompetenz der Führungskräfte zeigt sich in ihrer Gestaltung ihrer Führungsprozesse in der veränderten Organisation. Was diese Prozesse zu schöpferischen Prozessen macht, wäre in weiteren Untersuchungen zu bearbeiten.

Die vorliegende Arbeit befasst sich mit Phänomenen, die beobachtet werden, die Gegenstand von Diskussionen und Diskursen sind, die jedoch wissenschaftlich kaum erkundet werden. Diese Phänomene sind Signale für noch vereinzelte neue Ansätze in Management und Leadership, die sich mit gängigen Theorien nur unzureichend erklären lassen. Um diese schöpferischen Prozesse im Management untersuchen zu können, ist eine Verknüpfung von psychologischen mit philosophischen Fragestellungen unausweichlich, ein Grenzgang zur Integration von Geist und Materie im Sinne von Loprieno oder Knapp (Kapitel 2.2). Der erste Schritt auf diesem Grenzgang erfordert den sprachlichen Wagemut, durch Geschichtenerzählen jenseits gängiger Terminologien sich ein neues Beschreibungs- und Denkmuster zu erarbeiten, mit dem sich eine wie auch immer integrierte Gestalt von Geist und Materie überhaupt abbilden lässt. Denn für Phänomene, die bereits beobachtet, aber noch nicht beschrieben oder erklärt werden können, fehlen zunächst die Gedanken und die Worte. Und doch können die alten Denkmuster nur aus sich heraus (mit Leonardo) über sich selbst hinaus (los von den Autoritäten) wachsen.

6 Literaturverzeichnis und Anhang

6.1 Literaturverzeichnis

Achtziger, A., & Gollwitzer, H. (2010). Motivation und Volition im Handlungsverlauf. In J. Heckhausen, & H. Heckhausen (Hrsg.), *Motivation und Handeln (4. Auflage)* (S. 309-335). Berlin: Springer.

Antonovsky, A. (1997). *Salutogenese. Zur Entmystifizierung der Gesundheit. Deutsche erweiterte Herausgabe von Alexa Franke.* Tübingen: dgvt-Verlag.

Argyris, C., & Schön, D. (1974). *Theory in Practice. Increasing Professional Effectiveness.* San Francisco: Jossey-Bass.

Argyris, C., & Schön, D. (1996). *Organizational Learning II. Theory, Method and Practice.* Reading: Addison-Wesley.

Argyris, C., & Schön, D. (2002). *Die lernende Organisation. Grundlagen, Methode, Praxis (2. Auflage).* Stuttgart: Klett-Cotta.

Baecker, D. (1996). Kybernetik zweiter Ordnung. In H. v. Foerster, *Wissen und Gewissen* (S. 17-23). Frankfurt am Main: Suhrkamp.

Bateson, G. (1985). *Ökologie des Geistes. Anthropologische, psychologische, biologische und epistemologische Perspektiven.* Frankfurt am Main: Suhrkamp.

Bateson, G. (1987). *Geist und Natur. Eine notwendige Einheit.* Frankfurt am Main: Suhrkamp.

Bortz, J., & Döring, N. (2006). *Forschungsmethoden und Evaluation für Human- und Sozialwissenschaftler (4., überarbeitete Auflage).* Berlin: Springer Medizin.

Brockhaus. (1997). *Die Enzyklopädie in 24 Bänden (20., überarbeitete und aktualisierte Auflage). Band 11.* Leipzig und Mannheim: Brockhaus.

Brockhaus. (1997). *Die Enzyklopädie in 24 Bänden (20., überarbeitete und aktualisierte Auflage). Band 20.* Leipzig und Mannheim: Brockhaus.

Corbin, J., & Strauss, A. (2008). *Basics of Qualitative Research 3e. Techniques and Procedures for Developing Grounded Theory.* Thousand Oaks: Sage.

Damasio, A. (2010). *Descartes' Irrtum. Fühlen, Denken und das menschliche Gehirn (6. Auflage).* Berlin: List.

Dresing, T., & Pehl, T. (2011). *Praxisbuch Transkription. Regelsysteme, Software und praktische Anleitungen für qualitative Forscherinnen.* Marburg: Eigenverlag.

Foerster, H. v. (1999a). *2 x 2 = grün (CD).* Köln: c+p supposé.

Foerster, H. v. (1999b). Bemerkungen zum Verhältnis des Menschen zu seinen Maschinen (Vortrag). In H. v. Foerster, *2 x 2 = Grün (CD).* Köln: c+p supposé.

Foerster, H. v. (2010). Entdecken oder Erfinden. Wie lässt sich Verstehen verstehen? In H. Gumin, & H. Meier (Hrsg.), *Einführung in den Konstruktivismus (12. Auflage)* (S. 41-88). München: Piper.

Fried, E. (1989). *Gründe.* Berlin: Wagenbach.

Geertz, C. (1983). *Dichte Beschreibung. Beiträge zum Verstehen kultureller Systeme.* Frankfurt: Suhrkamp.

Gladwell, M. (2001). *The Tipping Point. How little things can make a big difference.* London: Abacus.

Glasl, F., & Lievegoed, B. (2004). *Dynamische Unternehmensentwicklung. Grundlagen für nachhaltiges Change Management (3., überarbeitete und erweiterte Auflage)*. Bern: Haupt.
Häfele, W., & Lantner, N. (2003). Perspektiven der Fach- und der OE-Beratung. In M. Zirkler, & W. R. Müller (Hrsg.), *Die Kunst der Organisationsberatung - Praktische Erfahrungen und theoretische Perspektiven* (S. 117-142). Bern: Haupt.
Hayashi, A. (2010). Feminine Principle and Theory U. *Oxford Leadership Journal. Volume 1, Issue 2*, S. 1-4.
Käufer, K., & Scharmer, C. O. (2007). Der blinde Fleck in Führung und Innovation. In A. J. Harbig, R. Klug, & M. Bröcker, *Führung neu verorten. Perspektiven für Unternehmenslenker im 21. Jahrhundert* (S. 75-90). Wiesbaden: Gabler.
Knapp, N. (2008). *anders denken lernen. von Platon über Einstein zur Quantenphysik*. Bern: Oneness Center.
Knapp, N. (2011). *Der Quantensprung des Denkens. Was wir von der modernen Physik lernen können*. Hamburg: Rowohlt.
Königswieser, R., & Hillebrand, M. (2011). *Einführung in die systemische Organisationsberatung (6. Auflage)*. Heidelberg: Carl-Auer.
Kucklick, C. (2012). Jetzt oder nie! *Die Zeit (27. Dezember 2012)*, 15-17.
Kühl, S. (2005). Organisationsberatung. Konturen eines dritten Weges jenseits von betriebswirtschaftlicher Beratung und systemischer Prozessberatung. *OrganisationsEntwicklung 03/05*, S. 64-73.
Kühl, S., Strodtholz, P., & Taffertshofer, A. (Hrsg.) (2009). *Handbuch Methoden der Organisationsforschung. Quantitative und qualitative Methoden*. Wiesbaden: VS Verlag für Sozialwissenschaften.
Loprieno, A. (2011). *Von Fiktion und Simulation als kognitiven Übergängen. Rede gehalten am Dies academicus der Universität Basel am 25. November 2011. (Basler Universitätsreden 110. Heft)*. Basel: Schwabe.
Luhmann, N. (1987a). Autopoiesis als soziologischer Begriff. In H. Haferkamp, & M. Schmid (Hrsg.), *Sinn, Kommunikation und soziale Differenzierung. Beiträge zu Luhmanns Theorie sozialer Systeme* (S. 307-324). Frankfurt am Main: Suhrkamp.
Luhmann, N. (1987b). *Soziale Systeme. Grundriss einer allgemeinen Theorie*. Frankfurt am Main: Suhrkamp.
Luhmann, N. (2001). *Die Gesellschaft der Gesellschaft (3. Auflage)*. Frankfurt am Main: Suhrkamp.
Maturana, H. R., & Varela, F. J. (2010). *Der Baum der Erkenntnis. Die biologischen Wurzeln menschlichen Erkennens (3. Auflage)*. Frankfurt am Main: Fischer.
Mayring, P. (2002). *Einführung in die Qualitative Sozialforschung (5., überarbeitete und neu ausgestattete Auflage)*. Weinheim und Basel: Beltz.
Muckel, P. (2011). Die Entwicklung von Kategorien mit der Methode der Grounded Theory. In G. Mey, & K. Mruck (Hrsg.), *Grounded Theory Reader* (S. 333-352). Wiesbaden: VS Verlag für Sozialwissenschaften.
Nowak, C., & Neubert-Liehm, E. (2011). "Magic Moments" in Team- und Veränderungsprozessen. *OrganisationsEntwicklung 2/11*, S. 74-79.
Rosenthal, G. (2008). *Interpretative Sozialforschung. Eine Einführung (2., korrigierte Auflage)*. Weinheim: Juventa.
Rossi, E. L. (1996). *Gesammelte Schriften von Milton H. Erickson. Band 2: Indirekte Suggestion und Gefahren der Hypnose*. Heidelberg: Carl-Auer.
Rossi, E. L. (1997). *Gesammelte Schriften von Milton H. Erickson. Band 3: Die Veränderung sensorischer, perzeptueller und psychophysiologischer Prozesse durch Hypnose*. Heidelberg: Carl-Auer.

6.1 Literaturverzeichnis

Scharmer, C. O. (2009a). *Theory U - Leading from the Future as It Emerges*. San Francisco: Berrett-Koehler.
Scharmer, C. O. (2009b). *Theorie U. Von der Zukunft her führen. Presencing als soziale Technik (2. Auflage)*. Heidelbert: Carl-Auer.
Scharmer, C. O. (2010). The Blind Spot of Instituational Leadership: How To Create Deep Innovation Through Moving from Egosystem to Ecosystem Awareness. *World Economic Forum. Annual Meeting of the New Champions 2010*, (S. 1-13). Tianjin, People's Republic of China, 13-15 September.
Scharmer, C. O. (2011). Change Management Morgen - 13 Thesen. *OrganisationsEntwicklung 4/2011*, S. 36-39.
Scharmer, C. O. (2011). Leading from the Emerging Future. Minds for change - Future of Global Development. *Ceremony to Mark the 50th Anniversary of the BMZ. Federal Ministry for Economic Cooperation and Development.* November 13, 2011. Berlin.
Schein, E. (1995). *Unternehmenskultur. Ein Handbuch für Führungskräfte*. Frankfurt am Main: Campus.
Schein, E. (2003). Angst und Sicherheit. Die Rolle der Führung im Management des kulturellen Wandels und Lernens. *OrganisationsEntwicklung 3/03*, S. 4-13.
Schein, E. (2003). *Organisationskultur (2., korrigierte Auflage)*. Bergisch-Gladbach: EHP - Edition Humanistische Psychologie.
Schmidt, E. R., & Berg, H. G. (2004). *Beraten mit Kontakt. Handbuch für Gemeinde- und Organisationsberatung*. Frankfurt: Gabal.
Schmidt, G. (2011). *Einführung in die hypnosystemische Therapie und Beratung (4. Auflage)*. Heidelberg: Carl-Auer.
Schweikert, S., Meissner, J. O., & Wolf, P. (2014, fc). Applying Theory U: The Case of the Creative Living Lab. In O. Gunnlaugson, C. Baron, & M. Cayer (2012), *Perspectives on Theory U* (S. 1-22). Hershey: IGI Global.
Seidl, D., & van Aaken, D. (2007). Praxistheorie vs. Systemtheorie: Alternative Perspektiven der Beratungsforschung. *Arbeit. Zeitschrift für Arbeitsforschung, Arbeitsgestaltung und Arbeitspolitik. Heft 3/2007*, S. 177-190.
Senge, P. M. (2011). *Die fünfte Disziplin. Kunst und Praxis der lernenden Organisation (11. völlig überarbeitete und aktualisierte Auflage)*. Stuttgart: Schäffer-Poeschel.
Senge, P., Scharmer, C. O., & Flowers, B. S. (2004). *Presence. Human Purpose and the Field of the Future*. New York: Crown Business.
Simon, F. (2006). *Einführung in Systemtheorie und Konstruktivismus*. Heidelberg: Carl-Auer.
Simon, F. (2009). *Einführung in die systemische Organisationstheorie (2. Auflage)*. Heidelberg: Carl-Auer.
Simon, F., & CONECTA. (1998). *Radikale Marktwirtschaft (3. Auflage)*. Heidelberg: Carl-Auer-Systeme.
Spencer-Brown, G. (1994). *Laws of form*. Portland: Cognizer.
Storch, M., & Krause, F. (2007). *Selbstmanagement ressourcenorientiert. Grundlagen und Trainingsmanual für die Arbeit mit dem Zürcher Ressourcen Modell (4., vollständig überarbeitete und erweiterte Auflage)*. Bern: Huber.
Strübing, J. (2008). *Grounded Theory. Zur sozialtheoretischen und epistemologischen Fundierung des Verfahrens der empirisch begründeten Theoriebildung (2., überarbeitete und erweiterte Auflage)*. Wiesbaden: VS Verlag für Sozialwissenschaften.
Strunk, G., Haken, H., & Schiepek, G. (2006). Ordnung und Ordnungswandel in der therapeutischen Kommunikation. In H. Haken, & G. Schiepek (Hrsg.), *Synergetik in der Psychologie. Selbstorganisation verstehen und gestalten* (S. 462-517). Göttingen: Hogrefe.
Watzlawick, P., Weakland, J. H., & Fisch, R. (2005). *Lösungen - Zur Theorie und Praxis menschlichen Wandels*. Bern: Huber.

Weick, K. E. (1985). *Der Prozess des Organisierens*. Frankfurt: Suhrkamp.
Weick, K. E. (1995). *Sensemaking in Organisations*. Thousand Oaks CA: Sage.
Whitehead, A., & Russell, B. (1910). *Principia Mathematica, Band 1*. Cambridge.
Zirkler, M. (2003). Gestaltungsräume in der Beratungsarbeit und ihre Inszenierung. In M. Zirkler, & W. R. Müller (Hrsg.), *Die Kunst der Organisationsberatung - Praktische Erfahrungen und theoretische Perspektiven* (S. 143-163). Bern: Haupt.
Zirkler, M. (2005). Sicherheit und Unsicherheit in der Beratung. Bemerkungen zu einem schwierigen Verhältnis. *OrganisationsEntwicklung 1/05*, S. 72-79.
Zirkler, M. (2011). Wissenschaft als relationale Konfiguration. Entwurf einer "angewandten" Organisations- und Managementforschung als Co-Operation mit der Praxis. In E. J. Brunner, W. Tschacher, & K. Kenklies (Hrsg.), *Selbstorganisation von Wissenschaft* (S. 199-210). Jena: IKS Garamond.
Zirkler, M., & Raschèr, A. F. (2013). Rollen und Rollenkonflikte der Moderationsfunktion. In J. Freimuth, & T. Barth (Hrsg.), *Handbuch Moderation* (S. 1-19). Göttingen: Hogrefe. In Druck.

6.2 Anhang

6.2.1 Ebenen der Operationslogik

Ebenen der Operationslogik	Systemtheorie / Bateson	Theorie U (Scharmer)	Beratungstheorie	Psychologische Kategorien	Kategorien nach Weick	Episteme	Klassische Lernkonzepte
1	1. Ordnung	Downloading	Fachberatung	Kognition	Retention / Reproduktion	Wissen, Wissensanwendung	Üben
2	2. Ordnung	Reflecting	Prozessberatung	Emotion	Variation	Wissensgenerierung, Kontextualisierung	Auswahlverfahren für Übungen (Trainer)
3	3. Ordnung	Presencing	Tiefenberatung (eigentliche Themen, eigentliches Wollen)	Ästhetik, Liebe, Göttliches, Spiritualität	Selektion	Thematisierung der Wissensgenerierung	Sinn: welches Spiel, welcher Sport soll gespielt werden?

Zusammenstellung von Zirkler, M. (2012) (Unterrichtsunterlagen)

6.2.2 Interviewskript

Kontakt und Einstieg

- Name/Vorname
- Kontextinformationen
- Alter
- Berufsbezeichnung
- Schule / theoretische Richtung der eigenen Beratungstätigkeit
- Tätig als Organisationsberater / Coach / Veränderungsbegleiter seit wie vielen Jahren?
- Vielen Dank für die Bereitschaft zum Interview
- Ungefähre Dauer: 45 bis 60 Minuten

Erläuterung des Rahmens der Masterarbeit
Empirische Forschungsarbeit; explorative Studie.
Ich freue mich sehr, dass Sie sich die Zeit genommen haben, um heute mit mir dieses Gespräch zu führen. Ihre Teilnahme ist sehr wertvoll für mich. Eher untypisch für ein Interview, habe ich eine offene Gesprächsform gewählt, bei der ich mich mit Fragen zurückhalten werde. Mir geht es vor allem um Ihre Geschichten und ihre Beispiele aus der Praxis. Bitte erzählen Sie diese möglichst konkret und im Detail.

Mein Ziel ist es, den schöpferischen Prozessen bei der Bewältigung einer Veränderung auf die Spur zu kommen; dazu mache ich mit dieser Forschungsarbeit den ersten Schritt, indem ich herauszufinden versuche, was für Beobachtungen prozessorientierte OrganisationsberaterInnen in den von ihnen begleiteten Veränderungsprozessen / Beratungsprozessen machen und was für Theorien sie über die Wirkung ihrer Interventionen haben

Zusicherung der Vertraulichkeit und der Anonymisierung der Daten
Was Sie sagen, wird als Tondatei aufgenommen und anschließend wörtlich transkribiert. Die Daten werden streng vertraulich behandelt und in anonymisierter Form im Rahmen meiner Masterarbeit wissenschaftlich ausgewertet. Von den veröffentlichten Ergebnissen werden keine Rückschlüsse auf Institutionen oder einzelne Personen möglich sein. Einzelne Passagen aus dem Interview können als Belege im Text angeführt werden; auf den Inhalt von verwendeten Interviewpassagen oder auf den Inhalt der Masterarbeit kann kein Einfluss genommen werden.

Narrative Aufforderung
Für den Einstieg erzählen Sie mir bitte von einem gelungenen Veränderungs- oder Beratungsprozess, den Sie begleitet haben. Was haben sie in diesem Prozess beobachtet? Welche Interventionen haben Sie eingesetzt? Was sind ihre Hypothesen darüber, was in diesem Prozess wirksam geworden ist?
Visualisierung der Kernthemen mit Metaplankarten auf dem Tisch
- Narrative Aufforderungsfrage
- Beobachtungen
- Interventionen
- Hypothesen über Wirkungen
- Am Ende des Gesprächs: Was war das Wichtigste?

Mögliche Anschlussfragen zum Entschleunigen und Konkretwerden
- Was ist von diesem Prozess bei ihnen in der Erinnerung hängen geblieben? Was kommt zuerst in den Sinn?

- Was ist genau passiert? Was konnten Sie genau beobachten? Bitte erzählen Sie das möglichst ausführlich und genau.
- Was war Ihnen wichtig? Was war bedeutsam? Was hat das Ereignis zum Schlüsselerlebnis gemacht?
- Wir waren dort stehen geblieben, als Sie...
- Darf ich noch einmal zurückkommen auf...

Weitere mögliche Anschlussfragen

Fragen zu den Beobachtungen im Verlauf von begleiteten Veränderungsprozessen
- Lassen sich abgrenzbare Phasen beobachten?
- Falls ja, in welche Phasen / Schritte der Veränderung lassen sich die von Ihnen beobachteten Veränderungsprozesse einteilen?
- Fragen zu Interventionen
- Wie bauen Sie einen von Ihnen begleiteten Veränderungsprozess auf?
- Welche Interventionen setzen Sie bewusst und geplant ein?
- Gibt es für Sie eine „Schlüsselintervention"?
- Falls ja, beschreiben Sie diese und ordnen Sie sie theoretisch ein.
- In welchem Kontext setzen Sie diese Schlüsselintervention ein?
- Auf was achten Sie bei Ihren Kunden – welche Beobachtungen sind Ihnen wichtig für die Wahl Ihrer Interventionen?
- Welche Wirkungen können Sie bei den von Ihnen bevorzugt eingesetzten Interventionen beobachten? Bitte beschreiben Sie konkrete Beispiele.

Fragen zu Theorien über die Wirkung der Interventionen und ggf. der Theorie U
- Welche Theorien haben Sie über die Wirkung der von Ihnen eingesetzten Interventionen?
- Nennen Sie bitte die zentralen Theorien, auf die Sie sich in Ihrer Arbeit beziehen.
- Wie zeigen sich die Theorien, auf die sie sich beziehen, in Ihrer praktischen Arbeit?
- Wo finden Sie ggf. die Stufen des Scharmer'schen U-Prozesses in Ihrer Praxis wieder?
- Wie sehen diese dort genau aus?

- Wie beurteilen Sie die Theorie U von Claus Otto Scharmer?
- (Schritte der Theorie U durchgehen)

Offene Bereiche
- Gibt es etwas, das bisher im Gespräch nicht erwähnt wurde, das aber für Sie im Zusammenhang mit den angesprochenen Themen wichtig ist?
- Was hat dieses Gespräch möglicherweise angeregt oder ausgelöst?

Abschluss
Vielen Dank für das aufschlussreiche Gespräch. Haben Sie noch Fragen an mich, bezüglich der Untersuchung? Dürfte ich allenfalls nochmals auf Sie zukommen, falls mir im Nachhinein etwas unklar ist?

6.2.3 Übersicht Konzepte und Kategorien

Ausgangslage: Das, was ist & was sein sollte
- Kontext
- Risiken
- Bedingungen (in der Sache, in den Beziehungen, in der Zeit)
- Voraussetzungen für den Schritt über die Schwelle

Prozess: Das, was geschieht
- U-Prozess-Elemente
- Hindernisse
- Sprache & Kommunikation
- Selbstähnlichkeit
- Sinndimensionen nach Luhmann
- Beratung im 3. Modus
- Kybernetik 1., 2. & 3. Ordnung
- Gemeinschaft & Gemeinsamkeit

Ver-Mittler & Mittel: Das, was zum Einsatz kommt
- Berater: Haltung, Rolle & Funktionen
- Haltung Klientensystem
- Emotionales Engagement
- Interventionen

Resultat: Das, was dabei herauskommt
- Identität
- Autonomie
- Dreh- und Angelpunkte
- Balance / Integration

Reflexion & Evaluation: Das, was zu lernen ist
- Hypothesen: WAS hat gewirkt?
- Wirkweisen: WIE?

6.2.4 Interviewauszüge

Übersicht: Kernkategorien und Kategorien mit Interviewzitaten
Aufgeführt werden die im Text der vorliegenden Arbeit als Referenz angegebenen Textstellen.

6.2 Anhang

Interview-partner	Zeilen im Transkript	Zitat
Ausgangslage: Das, was ist und was sein sollte		
Kontext		
B3	521-522	Der Erwartungsdruck, die Delegation an die Spitze: Sorge für uns, dass wir uns nicht allzu weit weg entwickeln müssen.
B4	243-247	Also die haben im Grunde die Botschaft gesendet ‚liebe obere Führungseben, warum seid ihr eigentlich so zurückhaltend? Wir hier auf unserem Level verstehen uns doch schon sehr gut miteinander, grün und blau redet miteinander, grün und blau hat schon gute Ideen für Lösungen, für manche strukturellen Konflikte. Nun haltet das Ganze nicht mehr auf.'
B4	39-47	Das heißt, nie isoliert auf eine Situation in einem Führungskreis, zum Beispiel schauen, unter dem Aspekt von Beziehungsproblematiken, mit gruppendynamischen Phänomenen. Sondern wir schauen auch immer sehr stark von der Frage her, ERGÄNZEND zu dem anderen, was ist denn eigentlich die Aufgabe dieses Kreises, mit dem ich mich hier gerade beschäftige? Was ist seine Businessherausforderung? Wie sieht das Umfeld aus? Welche auch zeitigen Dynamiken stecken da drin, die vielleicht genau zu dieser führen, die hier angefragt ist.
B1	10-13	Das Hauptthema, mit dem wir einsteigen in Beratung, ist, dass wir einem Dilemma begegnen. Es hat direkt mit Beobachtung zu tun: Der Kunde beschreibt ein Problem, um das es genau betrachtet nicht geht. D.h., in der Beobachtung ist das entscheidende, eine Idee dafür zu kriegen: Worum geht es eigentlich?
B3	384-385	Das sind solche sehr wirkmächtigen Einschätzungen der Situation und dessen, was es braucht.
B2	312-316	Es war eine besondere Beschreibung von Offenheit, weil sie gesagt haben: Wir sind – einhellig – wir sind hier nicht wirklich offen und wollen das auch nicht sein, und haben das gut begründet, so dass z.B. der Personalleiter gesagt hat: „Jetzt übertreiben wir es doch nicht. Ihr wisst doch ganz genau, dass es Fragestellungen gibt, über die ich hier herinnen nicht rede".
B5	461-466	Also ist es nicht vor der Leinwand stehen, sondern mit einer bestimmten Bewusstseinslage vor der Leinwand zu stehen. Und diese Bewusstseinslage gezielt anzustreben und zu reaktivieren, das kann man systematisch machen […] Und damit man da hinkommt, das ist eine ganz merkwürdige Sache, da muss ein Raum von „Egal, was kommt, es ist in Ordnung" sein, irgendwie.
B4	856-857	Ich glaube, dass da heute auch ganz viel Kippen vom Umfeld her erzwungen wird. Also einfach weil die Dynamik der Märkte ja extrem zugenommen hat.

Interview-partner	Zeilen im Transkript	Zitat
Risiken		
B3	470-474	Wenn einer diese Bereitschaft hat und die anderen haben sie nicht, dann passiert nichts. Oder wenn zwei sie haben und der Dritte hat sie nicht, dann passiert nichts. Dieser *magic moment* ist, wenn diese Gewissheit, dass man gemeinsam springt in dieses unbekannte Land, dass da diese Gewissheit entstanden ist.
B2	234-237	Die Herausforderung war, dass man miteinander, dass man es sich leisten konnte, ohne Gesichtsverlust eine gemeinsame Lösung zu finden oder zu sagen: Wie ihr das macht, das ist eigentlich super, das machen wir jetzt auch so.
Bedingungen		
B3	453-455	Es muss ein Grundrespekt da sein, wo man die Integrität, die persönliche Integrität des anderen auch mitdenkt und mitprozessiert und sie nicht verletzen will.
Voraussetzungen für den Schritt über die Schwelle		
B5	230-232	Im Beratungssystem, wenn ich das Ziel habe, die Autonomie des Klienten zu stärken, dann hat der zu sagen, wo's langgeht, nicht ich.
Prozess: Das, was geschieht		
U-Prozess-Elemente		
B3	369-373	Dieses innere Loslassen von jetzt ganz bestimmten Glaubenssätzen und die Einschätzung, was da jetzt abgeht und was es braucht, also da hat ja jeder seine Bilder – und genau die Bilder führen dann im Miteinander zu dieser Chronifizierung, dass man jetzt miteinander einen anderen Weg versucht.
B6	249-250	Das hat man dann einfach gespürt, dadurch dass so eine hohe Konzentration da im Raum war.
B5	287-290	Intervention heißt für mich immer: Da kann ich Unterschiede bilden, in diese Muster rein, in diese Netzwerke. Und diese Unterschiede, die dienen alle genau dem Ziel, dass wir zu diesem Moment kommen: Wertsteigerung, Würdigung, Kraftzugang usw.
B5	374-375	Da sollte man die Leute auch ein bisschen auch in Ruhe lassen erstmal. Dann beginnen die nachher einen Reorientierungs- und Suchprozess.
B2	613-617	Beratung, im Sinne auch der Organisationsberatung und Organisationsentwicklung, heißt: warten, was die wollen. In diesem Fall haben wir immer auch wieder Dinge initiiert und in Bewegung gebracht. Wir als Beratende haben oft einmal mit den Führungskräften hingeschaut, also ‚man sollte doch', und da waren die sehr offen.

Interview-partner	Zeilen im Transkript	Zitat
B3	248-251	Wenn die nicht eine selbstdefinierte Form der Vorstellung, wie das Unternehmen unter ihrer Verantwortung zu führen ist, entwickeln, werden sie dort auch nicht ernsthaft und mit Kraft in eine Führungsrolle kommen.
B3	909-911	Was wären attraktive Identitätsentwürfe in der Zukunft, mögliche? Was wär da denkbar? Mindestens zwei, vier - können ruhig spinnige sein, die kann man ja dann wieder verwerfen.
B2	628-630	Was uns schon als Figur da gestanden, also angeleitet hat, ist […], dass das Unternehmen kulturell die Fähigkeit hat, bei allen Unterschieden auch genügend Gemeinsames zu haben, und das ist gelungen.
B6	157-160	Es war einfach dieses, dass wir um diese Kompetenzen herum Teams gebildet haben und die das noch mal tief haben ausarbeiten lassen, so dass die sich dann jeweils damit total identifiziert haben.
B3	314-324	Innerhalb von 14 Tagen gab es eine Betriebsversammlung, da sind sie dann zu viert aufgetreten und haben das Ergebnis dem ganzen Unternehmen verkündet. […] Das war aber auch ganz wichtig, dass das jetzt rasch ins Unternehmen geht, weil das schafft dann Fakten, das ist dann schwer revidierbar.
Hindernisse		
B3	585-588	Wenn man dann merkt – da genügen die kleinsten Nuancen, dass da widersprüchliche, unterschiedliche Einschätzungen da sind ganz oben oder entsprechende Impulse kommen, dann sind alle wieder in einer Abwartehaltung.
B4	251	Die hatten ja noch begrenzte Machtfelder, die es zu verteidigen galt.
B2	271	Die haben also da um ihre Reviere auch gerungen.
Sprache und Kommunikation		
B5	558-560	Also deswegen muss Etwas immer festhalten dürfen, damit das dann genug Frieden gibt, um genügend loszulassen. Das ist schwer in Sprache - ich weiß nicht, ob ich mich verständlich mache.
B5	472-477	Damit das Es, das Unwillkürliche, mitmacht, da braucht es – wie wenn dass es die höhere Macht sein darf. […] Aber in der üblichen Sprache ist das oft so, dass das so merkwürdig klingt, weil wir sind ja in einer Kultur, wo die Kognition dominiert, und die macht das gerade nicht.
B2	727-731	Da hat mich heute einer gefragt, ob in Organisationen eigentlich auch das Thema Liebe und liebevoller Umgang – ob ich das zum Thema mache. Da habe ich gesagt: „Nein, das tue ich nicht. Ich lebe das, soweit mir das möglich ist, aber ich muss das nicht besprechen auf einer Meta-Ebene."

Interview-partner	Zeilen im Transkript	Zitat
Selbstähnlichkeit		
B5	625-627	Damit du Leute unterstützen kannst als Berater, damit sie solche Momente erleben, wäre es natürlich das Beste, man gönnt sich als Berater viele solche Momente.
B5	655-657	Dieser Fokus auf die Endlichkeit ist die Voraussetzung für diese Momente – beim Berater und bei den Leuten. Aber da sollte der Berater mit anfangen.
Dritter Modus und Sinndimensionen nach Luhmann		
B4	47-53	Also dieser Ansatz besteht quasi darin, diese drei Perspektiven ständig mit auf den Schirm zu nehmen und sich auch in der Beraterhaltung so zu verorten, dass man in diesen drei Perspektiven einen Zusatznutzen liefern kann. Um damit auch die klassische Unterscheidung Expertenberatung, Prozessberatung eher aufzugeben. Nicht auf der Prozessseite zu sein, sondern sich als integrierter Beratungspartner aufzustellen. Wir nennen das Beratung im dritten Modus.
B4	44-47	Was ist denn eigentlich die Aufgabe dieses Kreises, mit dem ich mich hier gerade beschäftige? Was ist seine Businessherausforderung? Wie sieht das Umfeld aus? Welche auch zeitigen Dynamiken stecken da drin, die vielleicht genau zu dieser Beratungssituation führen, die hier angefragt ist?
B2	692-695	Wir dürfen uns nicht in der Kultur verlieren, sondern aus meiner Sicht müssen wir einen Bezug zum Kerngeschäft haben. Und alles, was wir in Organisationen tun, muss auch dem dienen, dass das Kerngeschäft in einer sinnvollen Art und Weise stattfinden kann und soll.
B5	374-375	Da sollte man die Leute auch ein bisschen auch in Ruhe lassen erstmal. Dann beginnen die nachher einen Reorientierungs- und Suchprozess.
Kybernetik 1., 2. und 3. Ordnung		
B2	415-417	Ein System braucht solche neuen Möglichkeitsräume, um auch Veränderungen zweiter Ordnung irgendwie bewerkstelligen zu können, sonst sind's mehr Anpassungsprozesse.
B6	655-659	Er hat mit den Teilnehmerinnen und Teilnehmern ein reines Hören, Sich-Aufeinander-Beziehen, Rhythmen-Aufnehmen-durch-Klatschen, also eine Art Verständigungsprozess über solche Töne, die man selber in dem Moment, in dem man einfach in einem Stuhl sitzt, produzieren kann, erzeugt, der wirklich wahnsinnig toll war.
B6	878-879	Die hatten ja erst mal gar nicht so das eine gemeinsame Thema und das ist dadurch entstanden.
B4	538-540	Ich glaube, dass ich, dass wir als Berater sortiert sein müssen, welche Leinwände wir auch mitgestalten können, und an welchen Leinwänden wir vielleicht auch nicht viel zu sagen haben. Und voller Demut davorstehen.

Interview-partner	Zeilen im Transkript	Zitat
Gemeinschaft und Gemeinsamkeit		
B6	121-123	Da war es einmal die gemeinsame Verständigung über Kernkompetenzen, wo alle gemerkt haben so, die haben das zusammengebracht und die haben halt einfach gemerkt: „Wow, das teilen wir ja miteinander."
B2	628-630	Was uns schon als Figur da gestanden, also angeleitet hat, ist, dass das Unternehmen kulturell die Fähigkeit hat, bei allen Unterschieden auch genügend Gemeinsames zu haben.
B3	100-103	Da ist mehr und mehr sichtbar geworden, dass die Perspektive der Führung des Unternehmens aus der Sicht des Älteren weder mit ihm persönlich noch mit dem Unternehmen wirklich kompatibel war.
B3	479-486	Ein Loslassen bisheriger Haltegriffe. Haltegriffe können sein inhaltliche Gewissheiten, oder das Festhalten an bestimmten interessensbezogenen Festlegungen oder auch an Bildern, was die anderen betrifft. [...] Solche Zuschreibungen werden in der Regel generiert, um den eigenen Standpunkt zu rechtfertigen – das ist der Sinn und Zweck solcher Abwertungen, sie bestätigen dann die eigene Festgelegtheit in einer bestimmten Richtung. Und das Ergebnis sind aber immer vermiedene Kooperationen.
Ver-Mittler und Mittel: Das, was zum Einsatz kommt		
Beratende: Haltung, Rolle und Funktionen		
B3	390-393	Ich kann nicht an den Glaubenssätzen arbeiten, sondern das ist nur auflösbar zunächst einmal dadurch, dass sie jemandem zutrauen, dass er die Situation in die Hand nimmt, wirklich in die Hand nimmt, und auch sagt, was ist jetzt zu tun.
B4	771-774	Aber Verbindungsglied ist, glaube ich, eine Form oder eine Funktion, die Beratung häufig hat. Bestimmte Perspektiven einnehmen können, die im Führungssystem so aus sich heraus nicht zur Verfügung gestellt werden.
B3	344-347	Eine wichtige Voraussetzung, die ist schon, glaub ich, [...] dass – wie immer das entstanden ist – das Zutrauen da war, dass ich ausreichend Empathie habe zu allen Beteiligten und auf keiner Seite stehe.
B3	730-733	Das wichtigste Repertoire ist, dass ich jeden Versuch, und der wird ja ständig unternommen, jeden Versuch in der Kommunikation, Vergangenheitsklärungen herbeizuführen, Ursachenklärungen, verdeckte Schuldzuschreibungen, dass ich das beinhart unterbinde.
B2	687-692	Was aus meiner Sicht wirkungsvoll ist, auch, dass gerade beraterische Leute Stellung beziehen – also nicht ausschließlich eine begleitende, moderierende Rolle einnehmen, sondern wirklich auch Stellung beziehen, auf die Gefahr hin auch, dass sie anecken. [...] Wir müssen eine eigene Position haben und eine

Interview-partner	Zeilen im Transkript	Zitat
		Vorstellung von den Grundprinzipien funktionierender Organisationen.
B2	696-697	Ich würde dort anecken, wo mir das Kerngeschäft einer Organisation einfach gegen meine Überzeugungen geht, da könnte ich wahrscheinlich nicht arbeiten.
B2	327-333	Ich würde meinen, dass da keine bewussten, jetzt expliziten Schlüsse gezogen wurden, sondern dass das vielleicht eines der für viele unverständlichen Geheimnisse der Organisationsentwicklung ist, dass sie manchmal im Hintergrund tätig ist und etwas nicht als Erfolg verbuchen will auch, was aber wirklich ganz, ganz toll funktioniert. D.h., es wurde nicht gesagt: ja, und was heißt das jetzt für uns, und was tun wir jetzt genau, sondern der Prozess allein hat dazu geführt, dass eine gewisse Entspannung auch da war.
B2	162-167	In meinem Tun arbeite ich mit der Grundhaltung, den Wertvorstellungen, den Konzepten der Organisationsentwicklung und insofern, wenn jemand auf mich zukommt, dann gibt's keine zeitliche Unterscheidung, an welcher Stelle jetzt Organisationsentwicklung beginnt. Wenn's mit mir jemand zu tun hat, dann hat das mit Organisationsentwicklung zu tun, weil ich gar nicht wüsste, wie ich sonst tun sollte.
Haltung Klientensystem		
		(Siehe im entsprechenden Textkapitel.)
Emotionales Engagement		
B5	477-480	Du kannst das nicht erzwingen. Und das ist diese Ambivalenz: Man will's erzwingen und kann's nicht erzwingen. Das wollen, und es gleichzeitig demütig einer anderen Seite zu überlassen, das bringt genau den Kick oder diesen Fluss zustande.
B3	344-347	Eine wichtige Voraussetzung, die ist schon beim Erstgespräch passiert [...], dass Zutrauen da war, dass ich ausreichend Empathie hab zu allen Beteiligten und auf keiner Seite stehe.
B3	607-610	Wir wissen, warum wir das machen. Weil wir ein existenzielles, ein ernstes Problem der Organisation zu lösen haben und ein Weitermachen sehr viel größere Gefährdungen nach sich zieht, als jetzt dieses Wagnis einzugehen.
B3	699-703	Bei schwierigeren Veränderungsvorhaben, Change-Geschichten, ist es sehr wichtig, das Systemproblem – und nicht, wie es entstanden ist, sondern das Problem – zu benennen. [...] Und seine Nicht-Zukunftsfähigkeit miteinander festzustellen. Also: Warum ist der Status quo nicht verlängerbar? Was ist das Bedrohungspotential des Weitermachens?
B2	727-731	Da hat mich heute einer gefragt, ob in Organisationen eigentlich auch das Thema Liebe und liebevoller Umgang, ob ich das zum Thema mache. Da habe ich gesagt: „Nein, das tue ich nicht, ich

Interview-partner	Zeilen im Transkript	Zitat
		lebe das, soweit mir das möglich ist, aber ich muss das nicht besprechen auf einer Meta-Ebene."
Interventionen		
B5	347-348	Deswegen muss es in zwei Richtungen gehen: Verständnis fürs Bisherige, aber vor allen Dingen Fokus auch auf die Auswirkungen in der Zukunft.
B6	317-322	Also wir haben erst die Strategie verabschiedet und haben dann diese Bilder entstehen lassen, mit Farbe selber anrühren, und die Eier aufbrechen und da die Farbe machen und sich dann überlegen, wie kann man die Datenkompetenz darstellen, wie kann man die anderen vier Kompetenzen bildlich irgendwie darstellen.
Resultat: Das, was dabei herauskommt		
Identität		
B3	895-904	Im nächsten Schritt gehen wir dann hinein und sagen: was macht denn unser Unternehmen von seinen Fähigkeiten aus? Das ist eine Kernkompetenzanalyse. Was hat uns bisher tief drinnen als Unternehmen, nicht einzeln als Personen, sondern als Unternehmen, überlebensfähig gemacht? Was hat uns gewisse Einzigartigkeit verliehen? So eine Kernkompetenzanalyse ist eine schwierige Sache, eine Entdeckungsreise, weil das können die Leute nie beschreiben, was ihre kollektiven Fähigkeitspotentiale sind, d.h. technologischer Natur oder im Zusammenspiel oder in der Nutzung von Ressourcen – was immer das ist, was als Bündel genau die Einzigartigkeit dieses Unternehmens letztlich ausmacht.
B2	247-252	Auf der zweiten Ebene sind die einen da gesessen und die anderen dort drüben. Da hat man immer gewusst, wenn man in einen Raum hineingekommen ist, wo sitzen die einen und die anderen. Die einen haben übernachtet in einer Zweitagesklausur, die anderen sind heimgefahren. Die einen sind pünktlich gekommen oder eine Viertelstunde vorher oder eine halbe, die anderen sind 10 Minuten später gekommen. Also das war so eindeutig: wir und ihr.
Autonomie		
B6	203-205	Wir haben natürlich immer sehr unsere Teams da unterstützt, aber das haben die auch komplett alleine gemacht und das war auch von Anfang an klar
B5	223-227	Das Kohärenzerleben, das kommt nur zustande, wenn du autonom für dich das, was in dir läuft usw., für stimmig erlebst und daraus dann die entsprechenden Schlüsse ziehen kannst, aber autonom. D.h., die Person muss gewürdigt werden als: Sie ist die einzig relevante Person, die ihre gültige Realität definiert, nicht ich. Und wenn ich noch so sehr als Berater, Experte

Interview-partner	Zeilen im Transkript	Zitat
		angefragt werde.
B2	105-108	In dem Kick-off hat die zweite Ebene festgestellt: Wir haben kein Problem, wir machen das alles. […] Wir brauchen keine organisationsentwicklerische, organisationsberaterische Begleitung.
Dreh- und Angelpunkte		
B5	221-226	Das ist das, was man in der Salutogenese […] Kohärenzerleben [nennt]. Und das Kohärenzerleben, das kommt nur zustande, wenn du autonom für dich das, was in dir läuft usw., für stimmig erlebst und daraus dann die entsprechenden Schlüsse ziehen kannst, aber autonom. D.h., die Person muss gewürdigt werden als: Sie ist die einzig Relevante, die ihre gültige Realität definiert, nicht ich.
Balance / Integration		
B5	85-88	Dieser Erlebnisprozess kommt nicht von allein zustande, der kommt dadurch zustande, dass z.B. das, was man bisher gemacht hat, und wenn man's noch so sehr abgewertet hat, endlich in einen würdigen Sinnzusammenhang kommt. […]Ach so, da war ich ja gar nicht so blöd, dann war das sogar so sinnvoll.
B3	696-699	Da spielt natürlich der Umstand dann eine große Rolle, dass man die Energie in die Zukunft legt und nicht zu viel sich damit aufhält, miteinander zu klären, warum was wie in der Vergangenheit schief gelaufen ist und wer da welchen Anteil hat.
B3	992-996	Man kriegt Sensibilitäten für Ungewöhnliches: Aha, das ist überraschend, das haben wir so gar nicht gedacht gehabt. Und dann beginnt man, auf, es neugierig zu werden – d.h., es schafft Neugierde für Überraschendes. Und Überraschendes fällt einem ja nur auf, wenn man Annahmen hat, was man erwartet.
B5	593-598	„Der Helm Stierlin hat mal für solche Prozesse den Begriff ‚bezogene Individuation' geprägt. Den finde ich auch schön, weil er das beides gleichzeitig nimmt. Also du bist individuiert, ganz bei dir, und in Beziehung gleichzeitig. Und das ist auch häufig [der Grund], warum z.B. diese Momente nicht stattfinden. Wenn sie nicht stattfinden, dann oft weil noch ein Entweder-Oder-Denken bei den Leuten drin ist."
Reflexion und Evaluation: Das, was zu lernen ist		
Hypothesen: Was hat gewirkt?		
		(Siehe im entsprechenden Textkapitel.)
Wie?		
		(Siehe im entsprechenden Textkapitel.)

Druck: KN Digital Printforce GmbH · Schockenriedstraße 37 · 70565 Stuttgart